KB215590

교실
문화
혁명

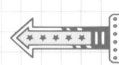

모두모여 프로젝트 수업

교실연고 지음

교실문화혁명

선우영화
성진숙
성순호
김초이
손아름
이윤서
김수진
김소현
남기백

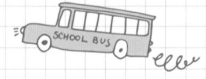

글라이더

● ○ '빨리 가려면 혼자 가고, 멀리 가려면 함께 가라'는 말이 있습니다. 교육은 사회의 변화를 잘 반영해야 하지만 그것이 쉽지만은 않습니다. 혼자 하기에는 너무나 힘이 들고 혼자 할 수도 없습니다. 교실연고 회원들은 그것을 이미 알고 서로를 의지하면서 함께해 오고 계십니다.

수년간의 연구와 실천을 바탕으로 프로젝트 수업 노하우를 꼼꼼하게 정리한 것을 보고 저도 프로젝트 수업을 해 보고 싶다는 마음이 들게 하는 책입니다. 수업에 진심인 선생님들이 읽으시고 교사로서 성장하는 기회가 되시길 응원합니다.

- 울산광역시 교육연구정보원장 김경희

● ○ 이론을 다루는 학자의 입장에서 현장에서 교육평가에 대한 실천을 고민하는 선생님들과의 만남은 늘 즐겁습니다만 그중에서도 울산의 '교실연고' 팀은 진지함과 열정, 노력과 배우려는 의지 등에서 단연 최고였습니다. 이 책은 현장의 오랜 고민과 노력의 산물입니다. 프로젝트 수업에서 학생들을 어떻게 평가할지 고민하는 모든 선생님의 책장 가장 앞에 꽂혀 있어야 할 책일 것입니다.

- 계명대학교 교육학과 교수 박찬호

● ○ '교실 문화 혁명'이라는 제목은 많은 것을 내포하고 있습니다. 특히 교직에 몸담고 있는 사람이라면 수업과 생활지도라는 큰 명제와 연결되어 있음을 짐작할 것입니다. 이 책은 두 가지 큰 명제에 대한 해결책을 오랜 경험을 지닌 수석교사와 열정 넘치는 교사들의 실천을 통해 친절하게 소개하고 있습니다.

결국 교실 문화 혁명을 이루기 위해 수업에서는 '프로젝트 수업'의 완성도를 높이고 생활지도에서는 '회복적 생활교육'을 바르게 이해하고 실행하는 것이 중요하다는 것을 느끼게 해 줍니다. 교사, 학부모는 물론 교육정책의 입안자들에게도 충분히 도움이 될만한 책이며, 이 책으로 말미암아 교육공동체의 소통과 노력이 병행되어 궁극적으로 학교 교실에서 아름다운 문화 혁명의 물결이 일기를 기원합니다.

- 울산 외솔초등학교 교장 장영일

● ○ 《교실 문화 혁명》을 출간하게 된 것을 진심으로 축하드립니다.

수업은 늘 어렵습니다. 교사는 아이들이 스스로 생각하고, 당면한 문제를 자주적으로 해결하도록 하는 동시에 함께 협력하는 능력을 길러주어야 합니다. 이 책은 교실 수업의 패러다임을 변화시키려는 선생님들의 노고가 고스란히 담겨 있습니다. 또한, 학생들의 주도적인 참여를 강조한 다양한 사례들이 제시되어 있습니다. 이를 통해 더 많은 교실에서 진정한 문화혁명이 일어나길 기원합니다.

- 울산광역시 교육청 초등교육과 장학사 권영현

● ○ 배움은 삶과 연결되어야 합니다. 프로젝트 수업이 그런 수업입니

다. 이 책은 수석교사를 중심으로 8명의 교사가 프로젝트 수업을 함께 고민하고 설계하는 과정을 고스란히 담았습니다. 함께 만든 수업이 어떻게 교실 문화와 아이들을 변화하게 하는지 보여줍니다. 교사는 가르치는 일을 하지만 동시에 평생 배워야 합니다. 교사가 배우는 방법은 이 책의 사례와 같이 동료 교사와 함께 수업을 설계하고 나누는 것입니다.

-《질문 수업 레시피》저자 이성일

●○ 요즘 모든 교실에서 시도하면서도 올바로 진행하고 있는지 막연한 것이 프로젝트 수업입니다.

이 책은 프로젝트 수업으로 교실 변화를 꿈꾸며 앞서 몇 해 동안 고민하고 실천한 사례를 자세히 소개하고 있습니다. 또한 교실 생활이 궁금한 새내기 교사나 학부모에게도 유용한 내용을 싣고 있어 교실의 작은 대백과 사전과 같은 의미로 다가옵니다.

변화를 바라보고 그에 맞게 대처하면 성공하고, 변화를 내다보지 못하면 실패할 거라는 말이 있듯이 급변하는 현시대에 능동적으로 대처하느라 고군분투하고 있는 교사가 여기 있음을 확인할 수 있었습니다. 고민과 협력의 실천들이 교실의 변화를 바라고 꿈꾸는 교사에게 방향성을 제공할 것입니다.

- 울산 유초등 수석교사회 회장 수석교사 변숙경

●○ 교실연고의 프로젝트 수업 실천 사례를 담은 책《교실 문화 혁명》출간을 진심으로 축하합니다.

훌륭한 요리사의 첫째 관심사는 좋은 재료라고 하는데 교사에겐 그

재료가 학습 내용보다는 좋은 교수 방법입니다. 우리 아이들이 갖춰야 할 핵심 역량을 기르는데 프로젝트 수업이 큰 도움이 된다는 것을 교실연고의 사례 발표회에 여러 차례 참여해 본 저는 믿고 있습니다. 특히, 세 학교 교사들이 함께 협업한 '장사 천재 프로젝트'는 정말로 인상 깊었습니다.

말미에 함께 수록한 학급경영과 생활지도 꿀팁들은 막 교직 생활을 시작하는 교사뿐만 아니라 빠르게 변화하고 있는 학교문화에서 저와 같은 중견 교사들에게도 도움이 되는 소중한 정보입니다. 교실연고의 실천 경험을 나누고자 내놓은 이 책이 많이 읽히기를 기원해 봅니다.

- 울산 삼신초등학교 교사 김상범

● ○ 교실연고 회원들이 주말에도 모여 연수를 받는 모습을 보고 감명을 받았습니다. 그러던 중 활동 결과를 책으로 만든다는 소식에 먼저 읽어보고 싶어서 원고를 받았습니다. 기존의 책과는 다르게 수업 이야기가 대화 형식으로 되어 있어 글이 술술 읽혔습니다. 프로젝트 수업에 대한 이론과 결과 위주의 사례가 아닌 교사가 어떻게 고민하고 시작해야 하는지 일련의 과정을 잘 보여주고 있습니다. 또한 교실의 문화를 바꾸기 위해 교사의 철학을 학급경영으로 녹여낸 경험들이 실려 있어 교실을 엿보는 듯했습니다. 이 책을 통해 혼자가 아닌 동료 교사와 함께 했을 때 함께 성장함을 확인할 수 있었습니다. 더 나은 교육 활동을 고민하는 교사에게 꼭 필요한 책입니다.

- 울산 외솔초등학교 교사 김현주

●○ 배움 중심 수업은 능력이나 지식보다는 교육을 변화시키려는 움직임의 한 방법으로 학교 현장에서 해오던 말입니다. 전통적인 교육방식에서 벗어나 자기 주도성과 문제해결력을 강조하면서 다양한 수업 방식이 나타났지요. 실제 생활과 밀접히 연관되어 있으면서 학생들의 의사소통 능력을 강화하고 문제해결력을 높이는 데 프로젝트 수업은 매우 적합한 수업 방식입니다. 이 책에는 오랫동안 프로젝트 수업에 대해 연구하고 나눔 활동을 진행한 선생님들의 깊은 고찰을 통해 만들어진 여러 학년의 프로젝트 수업 사례가 있습니다. 프로젝트 수업에 대해 궁금하거나 적용해 보고 싶은 선생님들이라면 꼭 한번 읽어보시고 프로젝트 수업에 도전하시기를 추천해 드립니다.

- 울산 개운초등학교 교사 김성기

●○ '교실연고'라는 연구회 이름이 너무 친근하게 다가옵니다. 교실에서 바르는 연고를 연상케 하지만 그 속에는 진정한 교사로 자리매김 하고 싶은 교사들의 진심이 담겨 있는 이름이었습니다. 아이들의 성장을 위해 수업을 어떻게 진행하면 좋을까, 어떤 것이 아이들의 호기심을 자극하고 교육적으로 도움이 될까라는 교사의 진심이 느껴져서 감동적이었습니다. 그리고 학부모와 진심으로 소통하고픈 마음도 읽을 수 있었습니다.

학부모 활동을 위해 학교에 많이 갔지만 교실의 모습은 늘 궁금했습니다. 그런 궁금증을 콕콕 집어서 알려준 50문 50답의 시원한 대답은 그동안의 궁금증을 한 방에 해결해 주었습니다.

- 울산 무룡고등학교 학부모 유미순

●○ 책을 마주하는 순간 "참 좋다" 하는 생각으로 한장 한장 글을 읽어 내려 갔습니다. 꿈을 찾아가는 길 위에 아이들은 주저하게 됩니다. 나를 잘 모르기 때문이지요. 나를 알아가고 서로를 알아가며 미래에, 내 삶에 방향을 찾아가는 안내판이 교실 속에 있지 않을까요? 변해가는 교육 속에서 아이들이 길을 잃지 않기 위해서는 자신의 생각을 끄집어내고 다른 사람들과 그 생각을 공유하고 융합하는 교육이 어릴 때부터 필요한데 그것이 프로젝트 수업이 아닌가 싶습니다. 이 프로젝트 수업이 어떤 교육이며 어떤 과정으로 이루어지는지 자세히 알려주시니 이해하는 데 많은 도움이 되었습니다. 선생님들과 아이들의 변화가 밝은 미래 교육을 비추는 거 같아 읽는 내내 마음이 따뜻했습니다. 설레는 마음으로 선생님과 아이들이 만들어가는 따뜻한 교실 속으로 함께 들어가 보시면 어떨까요?

- 울산 호계초등학교 학교운영위원장 김귀령

●○ 이미 학교를 벗어난 지 오래된 한 사람으로서, 학교 현장이 이렇게 미래 사회로 나아가기 위한 작은 혁명이 일어나고 있는 역동적인 공간임을 이 책을 읽고 느꼈습니다. 또한 그러한 혁명을 일으키기 위해 조용히 날갯짓하고 계신 많은 선생님들의 고민이 느껴졌습니다. 이 책은 선생님에게도 학부모에게도 가치가 있습니다. 아이들의 성장과 배움을 위해 노력하는 교육공동체 구성원 모두에게 이 책을 추천합니다.

- 시민

　교실의 수만큼 다양한 방식으로 교육이 이루어진다. 특히 초등 교실에서 이루어지는 교육은 생활지도와 교과 지도로 이루어진 두 바퀴 자전거와 같다. 두 바퀴 중 어느 하나가 어그러지면 앞으로 나아갈 수 없다. 산업화 물결이 일렁이던 시절에는 기본적인 교과 지도만으로 교육이 가능했다. 기본 교육을 받은 인재를 길러내는 것이 교육의 목표였기 때문이다. 생활지도 영역에서도 교사의 말 한마디가 법처럼 권위 있었기에 특별한 생활지도가 필요하지 않았다.

　시대가 변함에 따라 교육도 바뀌었다. '포용성과 창의성을 갖춘 주도적인 사람'이라는 2022 개정 교육과정의 비전은 아이들이 미래를 살아가는데 갖추어야 할 핵심 역량을 제시하고 있다. 2022 개정 교육과정에서 제시하는 핵심 역량인 자기관리 역량, 지식정보처리 역량, 창의적 사

고 역량, 심미적 감성 역량, 협력적 소통 역량, 공동체 역량을 들여다보면 교육의 영역이 비단 교과 지도에만 국한되지 않는다는 것을 알 수 있다. 공동체의 구성원으로서 주어진 과제에 적극적이며 책임감 있게 참여하는 공동체 역량, 다른 사람의 관점을 존중하고 경청하며 자신의 생각과 감정을 효과적으로 표현하는 협력적 소통 역량은 교과를 넘어 생활 속에서도 교육이 이루어져야 함을 말하고 있다.

다양한 이유로 교실을 찾는 많은 어른들은 이전과 다름없는 교실의 풍경에 놀라기도 하고 자신의 기억을 소환하며 추억에 잠기기도 한다.

때로 전자칠판과 같이 눈에 띄게 달라진 면을 찾아내기도 하지만 기본적으로 교실의 풍경은 크게 달라지지 않았다. 앞으로도 교실의 풍경은 크게 달라지지 않을 가능성이 크다. 하지만 시대가 바뀜에 따라 교실이 달라져야 한다는 목소리는 점점 높아지고 있다. 그렇다면 달라지는 것은 무엇이며 무엇이 바뀌어야 하는가?

교실의 문화가 바뀌어야 한다. 교육의 두 축인 수업이 바뀌고 생활지도의 패러다임이 바뀌어야 한다.

이 책에서는 아이들의 역량을 최대치로 끌어내는 프로젝트 수업을 통해 아이들의 앎이 삶으로 연결되는 경험을 한다는 것이 무엇인지 생생하게 안내하고 있다. 아이들이 협력하듯 교사도 협력을 통해 좋은 수업에 관해 고민하고 연구한다. 교실의 문화와 교육의 정체성에 관해 고민하는 교사들이 모여 수업을 계획하고 함께 실행한 수업의 시작과 과정, 결과를 이 책에 담았다. 서로 다른 학교, 다른 학년, 다양한 경력의 교사들이 수업을 계획하는 단계에서 서로의 생각을 내어놓는 과정, 아이들이 수업을 거듭하며 삶 속에서 서서히 변화하는 모습을 상세하게 담았다. 수업의 계획과 결과만 있는 보고서가 아니라 아이들의 삶과 맞닿아 있는 수업을 고민하고 진행하며 함께 성장해 가는 교사와 아이들의 모습을 담으려 노력했다.

교실의 또 다른 축인 생활지도의 새로운 패러다임인 '회복적 생활교육'이 학교에서 어떻게 이루어지는지 소개했다. 다양한 성격과 개성을 지닌 아이들이 모인 교실에서 필연적으로 발생하는 갈등을 긍정적인 성장의 기회로 받아들여 공동체성을 찾아가는 과정을 담았다. 공동체성과 협력적 의사소통 역량이 회복적 생활교육을 통해 어떻게 발현되는지 구체적인 사례를 통해 교실 속 회복적 생활교육을 생생하게 소개했다. 현재의 교실을 넘어 아이들이 살아가게 될 미래의 새로운 패러다임이 될 회복적 생활교육을 교사의 입장에서 안내하고자 했다.

또한 다양한 교육이 이루어지는 교실을 담았다. 초등 교사는 역량에 따라 다채로운 빛깔의 학급을 경영한다. 교사의 수만큼 다양한 학급 특색을 담은 교실에서 서서히 바뀌는 교실 문화를 소개했다.

마지막으로 학부모 입장에서 궁금했던 교실 속 질문에 대한 속 시원한 답변을 담았다. 처음 아이를 학교에 보내는 부모들이 궁금해하는 질문, 누구도 알려주지 않기에 맘 카페나 부모 모임에서 물어볼 수밖에 없는 사소하지만 중요한 교실 속 일상에 대한 현직 교사들의 답을 제시했다. 이를 통해 교육 주체의 한 축을 구성하는 학부모가 교실에 대한 오해와 편견 없이 아는 만큼 신뢰할 수 있으리라 생각한다.

이 책을 통해 시대의 흐름에 발맞추어 변화의 기지개를 켜는 교실의 모습을 만날 수 있기를 바란다. 책장을 넘기다 보면 수업, 생활지도, 학급 문화, 일상으로 이어지는 교실의 모습에서 겉으로 보기에 정체되어 있는 것 같은 교실이지만 소리 없는 혁명을 통해 끊임없이 변화하는 교실의 모습을 확인할 수 있을 것이다.

차례

1장 미래형 수업 혁명

교실에서 이루어지는 프로젝트 수업

1. 세계시민 챌린지 - 6학년 교실

2. 수송 수단 연구소 대탈출 - 5학년 교실

2장 교실 문화 혁명

미래의 주역인 아이들이 생활하는 우리 교실 속 변화의 흐름

3장 교실 속 궁금증 50문 50답

궁금했지만 누구도 알려주지 않은 교실 속 일상

서론

수석교사가
말하는
요즘 학교

요즘 수업, 어떻게 달라졌을까?

교직 경력 30년이 다가온다. 지금 와서 돌이켜보니 그 시간을 어떻게 교사 생활을 했을까 싶을 정도로 까마득하게 느껴진다. 처음 교직을 시작했을 때는 여유가 있었다. 초등교사라 과목의 수는 많았지만 교과서만 철저히 가르치면 되기 때문에 해야 할 양은 많지 않았다. 전담 교사도 따로 없었다. 모든 과목을 담임교사가 해내던 시절이었다. 교사마다 특기가 달라서 좀 더 잘 가르칠 수 있는 과목을 옆 반 선생님과 바꿔서 수업하는 전략도 사용했다. 컴퓨터를 사용했지만 활용도는 높지 않았다. 수업에 열정적인 교사라면 몇 개의 학습지와 OHP 슬라이드를 만들어서 교과서와 함께 사용하면 나름 괜찮은 수업을 진행할 수 있었다. 칠판에 빽빽하게 학습 내용을 쓰면 아이들은 필기하고 정답을 찾기 위해 열심히 문제를 풀었다. 교과서를 다 배우고 나면 아이들과 물놀이도 가고 음식도 만들어 먹고 놀이도 하고 재미있는 활동으로 채울 수 있었다.

시대가 변했다. 컴퓨터는 일상의 도구가 되어 수많은 정보가 떠돌아다니고 마음만 먹으면 얼마든지 알고 싶은 내용을 어느 정도는 해결할 수 있게 되었다. 그렇기 때문에 교육의 방향은 이전처럼 지식을 암기하고 기억하는 것만으로는 의미가 없어졌다. 기존에 알고 있는 정보를 새로 알게 된 지식과 연결해 새로운 지식을 창출해 나가는 것이 중요해졌다. 그렇다 보니 교사의 역량에 따라 수업의 형태와 운영에 차이가 나고 있다. 교과서보다 더 좋은 자료가 있다면 그것을 활용해서 수업이 이루어진다. 교과서는 수업을 위한 하나의 자료일 뿐이기 때문이다. IT(Information Technology, 정보통신 기술) 기기도 적극적으로 활용한다.

작년에는 5~6학년에 1인 1태블릿PC가 도입되었다. 그뿐만 아니라 수업에 활용할 수 있는 온라인 콘텐츠도 무수히 많다. 미래의 학교가 성큼 다가왔다.

프로젝트 수업은 어떤 수업인가?

학생들이 공부에 몰입하지 못하는 이유는 '이것을 배워서 뭐 하지?'라는 필요성과 맞닿아 있다. 시험을 위한 암기 위주의 공부는 지루하기 짝이 없다. 힘들게 하는 공부가 자신의 삶과 생활 속에 적용되는 경험이 적기 때문이다. 프로젝트 수업은 교사의 일방적인 지식 전달식 수업이 아니라 학생들이 적극적으로 수업에 참여하며 자신들의 삶과 관련된 주제를 탐구하거나 복잡한 문제상황을 해결해 나가는 학습법이다. 그렇기 때문에 프로젝트 수업은 단순한 수업모델을 넘어서 수업에 대한 철학을 담고 있다. 프로젝트 수업에서의 교사의 역할은 수업 설계자인 동시에 학생의 학습을 관리해 나가는 코치다. 수업이 학습 목표에서 일탈하지 않고 올바른 방향으로 진행될 수 있도록 방향을 설정하고 학생들과 함께 수업 내용을 구성해 나간다. 이때 학생들이 스스로 사고하고 탐구하며 성찰할 수 있도록 지속해서 관리해 나가는 것이 교사의 역할이다.

프로젝트 수업은 실생활 문제를 다루었을 때 학생들에게 좀 더 의미 있게 다가간다. 지금 배우는 지식이 나의 삶을 변화시킬 수 있다는 것을 알게 되면 적극적으로 참여한다는 것을 경험으로 알고 있다. 5학년 1학기 사회 〈인권〉 수업을 할 때이다. 인권에 대해 학습하고 우리 주변에 있을 수 있는 인권 침해 상황을 찾아 '중구청장님'께 제안하자고 했더니 학생들의 눈이 반짝이는 것을 보았다. "정말 그렇게 할 거예요?"라는 말과 함께 말이다. 나를 둘러싼 환경은 나의 삶에 연결되어 있기 때문이다.

실생활의 문제는 복잡하고 비구조화되어 있으므로 학생의 역량을 키우는 데 적합하다. 제시된 문제상황이 개연성이 있어서 전개 과정이 뻔하다면 지적 호기심을 자극하는 데 도움이 되지 않을 것이다. 복잡하게 얽혀 있을 때 그것을 해결하려고 이렇게 해 볼까? 저렇게 해 볼까? 다양한 가능성을 들이대면서 해결 방안을 모색하는 과정에서 문제해결력이 향상된다. 그래서 프로젝트 수업에서 비구조화된 실생활의 문제를 다루는 것이 의미가 있다고 하겠다.

삶의 맥락 속에서 개개인이 어떻게 지식을 구성하고 의미를 파악하느냐는 수업을 설계하는 데 있어 매우 중요한 문제가 된다. 프로젝트 수업에서 정해진 답이나 지식이 아니라 문제를 중요시하는 이유는 문제를 해결하기 위한 협력적 탐구과정을 강조하기 때문이다.

프로젝트 수업의 또 다른 중요한 요소는 지적인 탐구과정이다. 흔히 생활 속 문제를 해결하기 위한 활동 위주의 학습이 강조되면서 오리고 붙이고 만드는 과정이 많은데 자칫 그런 활동이 학습 내용의 전부라고 생각하는 경우가 있다. 아이들이 문제를 해결하기 위해서는 새로운 지식을 익힐 필요가 있다. 더 나은 해결 방안을 위해 새로운 지식은 필수이다. 그렇게 익힌 새로운 지식은 자신의 경험과 기존의 지식을 연결해 복잡하고 비구조화된 문제를 해결할 수 있는 실마리를 찾는 단서가 된다. 그렇기 때문에 프로젝트 수업에서는 지적인 탐구를 깊이 있게 하게 된다. 학생들 서로 간에 가진 경험과 습득된 지식이 다르므로 깊이 있는 지식 탐구를 위해서는 학생 간 협력이 중요하다. 복잡한 사회에서는 한 사람이 모든 것을 해결할 수 없다. 프로젝트 수업에서는 수업의 전 과정에서 협력적 탐구를 기반으로 수업이 이루어지기 때문에 협업 역량을 키우는데 적절한 수업 방법이라고 할 수 있다.

프로젝트 수업에서 평가는 어떻게 할까?

프로젝트 수업은 2015 개정 교육과정이 본격적으로 시행되면서 학교 현장에 널리 알려지기 시작했다. 2015 개정 교육과정은 역량이라는 새로운 용어를 내세우면서 교육을 통해 역량을 길러야 함을 강조하였기 때문이다. 역량은 능력과 조금 다른 의미로, 무언가를 할 수 있음을 보여주는 것을 말한다. 즉, 특정한 상황에서 필요한 능력을 잘 발휘해 해결해 나가는 힘을 의미한다. 역량 함양을 위해 프로젝트 수업이 적합하다는 판단으로 지금까지 프로젝트 수업이 강조되고 있다. 그러나 많은 연구를 통해 다양한 프로젝트 수업 사례들이 쏟아져 나오고 있지만 프로젝트 수업에서의 평가에 대한 정보나 자료는 부족해 현장에서는 어려움이 많다.

보통 평가는 단원에서 일부분인 한두 차시 정도 이루어진다. 단원의 계획된 수업 중에서 성취기준을 가장 잘 수행하고 있는 학습 장면을 관찰하거나 활동한 결과로 평가한다. 그마저도 지적인 영역을 평가하는 것이 대부분이다. 수업이 바뀌었지만 평가의 영역에서는 기존의 평가 방식을 사용하고 있는 경우가 많다.

프로젝트 수업을 진행하다 보니 궁금증이 생겼다. 프로젝트 수업은 역량을 키우는 학습법인데 지식적인 면만, 그것도 극히 일부분만 평가하는 것이 바람직한가? 프로젝트 수업뿐만 아니라 평가도 제대로 하고 싶다는 생각이 들었고, 교실연고 선생님들도 같은 생각을 하였다. 그렇다면 프로젝트 수업의 역량을 평가하는 방법은 어떤 것이 있을 수 있을까? 고민을 거듭하면서 찾은 방법이 '총평(assessment)' 방식이다.

프로젝트 수업은 역량을 기르는 수업이므로 평가에서도 역량의 관점에서 종합적으로 평가되어야 한다. 지식·이해, 과정·기능, 가치·태도의 다양한 영역을 평가하고 그것을 모아서 총평의 형식으로 평가하였다. 이를 위해서는 질적으로 잘 구분할 수 있는 루브릭을 제작하는 것이 중요하다. 교실연고 선생님들과 루브릭을 제작하는 데 중점을 두었던 것도 바로 이 때문이었다. 평가의 효과를 높이기 위해서 프로젝트 수업의 시작 단계에서 학생들에게 평가에 대해 자세하게 안내하였다. 어떤 내용으로 평가를 할 것이고 어떤 방식이 될지 미리 공지함으로써 학생이 주도적으로 프로젝트 수업에 참여할 수 있도록 하였다. 프로젝트 수업의 평가는 뒤에 나올 수업 사례에서 자세하게 확인할 수 있다.

1장.
미래형 수업 혁명

교실에서 이루어지는
프로젝트 수업

세계시민챌린지 수업 만들기-계획

기상관측 이래 가장 더웠다는 여름 방학 어느 날, 교실연고 교육연구회 회원들은 2학기에 진행할 프로젝트 수업 계획을 세우기 위해 모였다. 학교나 경력은 다르지만, 6학년을 맡고 있다는 공통점이 우리를 결속시키는 가장 큰 힘이다. 30년 경력의 수석쌤, 13년 차의 초이쌤, 올해 신규로 외솔초에 발령을 받은 기백쌤이 함께 했다.

우리 뭐해 볼까요? 주제 정하기

새로운 프로젝트 수업을 구상하는 단계에서 함께 고민하고 노력하는 동료가 있다면 그 설렘은 배가 된다. 수석쌤이 사회 교과 전담이기 때문에 우리는 당연히 사회과 중심의 프로젝트 수업을 하기로 했다. 과목은 쉽게 정해졌지만 어떤 주제로 결정할지는 쉽게 정해지지 않았다.

여러 성취기준을 탐색했다. 성취기준은 수업 및 평가의 기준과 근거가 되는 것으로, 교사가 수업할 때 무엇을 가르치고 평가해야 하는지에 관한 교육내용이다. 성취기준에 근거하여 교과별 수업목표와 평가 계획을 세우기 때문에 교사에게 성취기준은 '교수 나침반'이라고 할 수 있다. 사회 교과 성취기준을 붙여보고 뜯어보면서 각자 하고 싶은 수업이나 주제를 브레인스토밍으로 쏟아냈다. "여행 팸플릿을 만들자", "비정부 기구를 만들자", "여행사를 차리자" 등 다양한 이야기들이 오고 갔다.

작년에 교육연구회에서 수업 예시로 다루었던 진숙쌤의 세계 여러 나라의 문화 수업도 돌아보았다.

지구촌의 갈등 사례를 다루는 성취기준은 범위가 너무 넓다. 지구촌의 문제와 갈등 사례는 매우 광범위하고, 이를 해결하기 위한 다양한 행위의 주체 또한 개인, 국가, 국제기구, 비정부 기구 등 너무 많다. 심지어 지속 가능한 미래를 건설하기 위한 과제로 괄호 안에 너무도 친절하게 '친환경적 생산과 소비 방식 확산, 빈곤과 기아 퇴치, 문화적 편견과 차별 해소 등'이라고 명시되어 있다. 꼭 다루어야 하는 내용이 너무 많다. 우리는 계속 질문을 공유하면서 해답을 찾았고, 때로는 스스로 던진 질문에 답을 하기도 하면서 프로젝트 수업을 구체화하였다.

"우리가 필수적으로 가르쳐야 하는 개념이 세계시민인데, 세계시민이라는 개념 자체가 너무 추상적이고 아이들에게 확 와닿지 않아요."

"저도 그게 고민이에요. 아이들이 친숙하게 다가갈 수 있는 매체를 사용해 보면 조금 더 쉽게 느끼지 않을까요?"

"아! 요즘 아이들 챌린지 영상 같은 거 관심 많은데, 산출물을 챌린지 영상으로 해서 유튜브 쇼츠나 틱톡 릴스로 만들어보는 건 어때요?"

기백쌤의 번뜩이는 아이디어에 일제히 환호했다. 아이들의 흥미를 유발하는 동시에 우리의 프로젝트 수업을 전 세계에 알릴 수 있는 기가 막힌 아이디어였다. 거기다 우리 반의 챌린지를 다른 반이나 다른 학교 학급이 따라 한다는 것은 참여의 확산을 의미한다. 세계시민으로서 지구촌의 문제에 관심을 두고 해결 방법을 고민하며 좀 더 나은 지구촌 발전을 모색해 보는 도전 기회가 될 것이라는 확신이 들었다.

왜 하필 프로젝트 수업인가요?
프로젝트 산출물로 챌린지 영상을 구상한 이유도 듣고 싶어요!

 수석쌤

프로젝트 수업은 학생들이 너무나 좋아하는 수업 방법이에요. 친구들과 대화를 통해 문제를 해결해 나가는 과정과 몰입을 통해 결과물을 만들어 내는 것도 좋아한답니다. 또한 IT 기기를 활용해서 만들어 낸 근사한 산출물은 성취감과 배움에 대한 자신감도 높여주지요.

하지만 탄탄한 기본 지식을 습득하는 과정 없이 활동만 한다면 올바른 프로젝트 수업이라고 할 수 없어요. 분명 재미있게 활동은 해도 남는 것이 없을 수 있으니까요. 따라서 프로젝트 수업에서는 지식을 먼저 습득하고 이를 토대로 문제를 해결하는 방식으로 수업이 진행돼요. 학생들이 프로젝트 수업을 성찰할 때 자주 하는 말이 있어요. "문제를 해결하기 위해서 친구들과 끊임없이 이야기하고 생각을 조율하는 것이 너무 힘들었지만, 힘든 것을 참고 끝까지 하다 보니 자신감이 생겼어요." 프로젝트 수업은 학생들이 지식에 머무르지 않고 지식을 활용해 무엇인가를 해낼 수 있음을 보여주는 좋은 수업 방법이에요.

 초이쌤

동네 엘리베이터에서 만나는 아이들을 만나면, 그 짧은 시간 동안 몇 개의 유튜브 쇼츠나 틱톡 릴스를 보고, 문이 열려도 눈을 그대로 휴대전화에 고정한 채 걸어가는 모습을 자주 볼 수 있어요.

2023년 '블룸버그 비즈니스위크'에 따르면 2022년 11월까지 최소 20명의 미성년자가 챌린지 도중 사망했다고 해요. 실제로 점프하는 친구의 발을 걸어 넘어뜨리는 '스컬브레이커(Skull breaker)챌린지', 기절할 때까지 목을 조르는 '블랙아웃(Blackout)챌린지' 등이 아이들 사이에서 유행했다고 해요. 저는 챌린지는 세계적으로 뻗어나갈 수 있는 파급력이 있다고 생각해요. 무분별하게 챌린지 영상을 따라 하는 대신, 이 프로젝트 수업을 통해 챌린지의 선한 영향력을 경험하고, 부적절한 챌린지를 분별할 수 있었으면 해요.

 기백쌤

세계시민과 지구촌 문제에 관한 내용은 사회, 도덕, 국어, 실과 등 여러 교과에서 반복적으로 다뤄져요. 하지만 이러한 개념들이 너무 추상적이어서 마음으로 느끼고 체화하여 갈등 해결 방법을 배우기보다는 단순히 '지식'으로 접근하기 쉽죠.

좋은 수업은 '나'를 찾아가는 수업이라고 생각해요. 지식을 단순히 머릿속에 넣는 것이 아니라 재미있어서 자발적 몰입이 이루어지는 수업이요. 이러한 수업에 적합한 방법이 바로 '프로젝트 수업'인 것 같아요. 외우기만 하던 수동적인 수업에서 스스로 과제를 해결하는 능동적 수업으로 바뀌니 얼마나 재밌겠어요? 지구촌 평화와 세계시민 개념을 직접 실천하면서 교과 내용이 지금 이 순간에도 나와 관련이 되어 있음을 느끼게 해주고 싶었어요. 그래서 아이들에게 친숙한 챌린지 플랫폼을 생각했어요. 프로젝트 수업을 통해 서로 다른 개성을 가진 친구들과 협업하며 아이들이 갈등을 지혜롭게 해결하는 방법을 배우길 원했어요. 딱딱한 지식이 아닌, 삶 속의 배움과 경험이 아이들을 진정으로 성장시키는 원동력이 아닐까요?

세계시민챌린지 프로젝트 수업 설계

활동 계획

세계시민 의식을 기를 수 있는 챌린지 영상을 찍어서 공유하자는 큰 흐름이 정해지니 프로젝트 수업 이름은 쉽게 정할 수 있었다. 바로 '#세계시민챌린지'. 아이들의 산출물 영상에 해시태그를 달면서, 영상이 퍼져나가며 우리 아이들이 세계시민의 한 사람으로서 지구촌 문제를 해결하기 위해 노력하자는 염원이 담겨있다.

탐구 질문은 다음과 같다.

"우리가 지구촌 세계시민으로서 지구촌에서 발생하는 여러 문제를 해결할 수 있도록 사람들의 의식을 변화시키려면 어떻게 할 수 있을까?"

소단원 두 개를 다루는 긴 호흡의 프로젝트 수업을 구상하였다. 6학년 답게 배워야 할 개념이 너무 많기 때문이다. 지구촌 문제는 나라 간의 갈등으로 번지기도 한다. 지금 이 순간에도 수없이 일어나는 갈등 상황이 있다. 그뿐만 아니라 갈등을 해결하기 위해 노력하는 국가, 국제기구, 비정부 기구의 노력도 다루어야 한다. 비정부 기구는 아이들이 처음으로 접하는 개념이다. 우린 중요한 개념과 지식을 언제, 어떻게 가르칠 것인지 논의한 다음 표와 같이 차시 수업 계획을 세웠다.

'#세계시민챌린지' 프로젝트 수업 차시와 평가 계획

프로젝트 수업명	#세계시민 챌린지	
성취 기준	[6사08-03] 지구촌의 평화와 발전을 위협하는 다양한 갈등 사례를 조사하고 그 해결 방안을 탐색한다. [6사08-04] 지구촌의 평화와 발전을 위해 노력하는 다양한 행위 주체(개인, 국가, 국제기구, 비정부 기구 등)의 활동 사례를 조사한다. [6사08-05] 지구촌의 주요 환경 문제를 조사하여 해결 방안을 탐색하고, 환경 문제 해결에 협력하는 세계시민의 자세를 기른다. [6사08-06] 지속 가능한 미래를 건설하기 위한 과제(친환경적 생산과 소비 방식 확산, 빈곤과 기아 퇴치, 문화적 편견과 차별 해소 등)를 조사하고, 세계시민으로서 이에 적극적으로 참여하는 방안을 모색한다.	
탐구 질문	우리가 지구촌 세계시민으로서 지구촌에서 발생하는 여러 문제를 해결할 수 있도록 사람들의 의식을 변화시키려면 어떻게 할 수 있을까?	
차시	수업 내용	평가 요소
1차시	지구촌 문제를 다루며 두 마음 토론하기 세계시민의 개념 알기 프로젝트 수업 시작하기	
2~5 차시	지구촌 갈등 사례 개별조사&모둠별 심화 조사하기 모둠별 조사 결과 발표하기	[지식·이해] 갈등 사례 분석 및 해결
6~7 차시	지구촌 문제 해결을 위한 개인, 국가, 국제기구, 비정부 기구의 노력 조사하고 분류하기 월드 카페 활동으로 전체 공유하기	[과정·기능] 개인, 국제기구, 비정부 기구의 노력 조사

8~9 차시	지구촌 문제 해결을 위한 비정부 기구 조사하여 패들렛에 기록 및 공유하기 내가 만들고 싶은 비정부 기구 만들기 및 투표하기	
10~12 차시	비정부 기구 운동 내용 챌린지 구상하고 영상 만들기 챌린지 영상 SNS에 올리기	
13~14 차시	챌린지 영상 홍보하기	[가치·태도] 협력적 태도
15차시	프로젝트 수업 성찰하기	

특히 세계시민으로서 챌린지를 만들고 이를 전파하기 위해 어떻게 하면 좋을지 논의하는데 매우 신이 났다. 유튜버들에게 DM 보내기, (환경 문제라면) 아름다운 가게 앞에 챌린지 QR코드 붙이기, 실제 NGO에 메일 보내기, 해외 구독자가 많은 사회운동 유튜버 찾아서 제안서 보내기, 펭수나 유명 유튜버에게 제안하기, 교육감님께 제안하기 등 수많은 아이디어가 쏟아져 나왔다. 한발 더 나아가 세계적인 챌린지가 되기 위해서는 다양한 언어로 제시되어야 한다는 얘기와 유명 해외 유튜버에게는 MZ 세대인 기백쌤이 이메일을 보내는 것이 좋겠다는 다소 구체적인 내용까지 이야기하면서 상상의 날개를 펼쳤다.

배움은 학생에게만 일어나는 것은 아니다. 교사도 학생들과 수업을 해 나가면서 배움이 일어나고 보람과 함께 지적 희열도 느끼게 된다. 교사가 신이 난 수업은 성공할 가능성이 매우 크다. 그렇게 한껏 신바람 나게 챌린지를 확산하는 부분을 이야기하였지만 결국 이 부분도 아이들과 함께 의논해서 진행하기로 했다. 교사인 우리보다 아이들의 기발하고 창의적인 아이디어가 무궁무진하기 때문이다. 아이들의 입에서 나올 수많은 창의적인 아이디어가 수업을 하기도 전에 기대감을 높였다. 너무 행복한 순간이었다.

교육연구회에서는 다른 학년의 합동 프로젝트 수업 계획도 한창 진행 중이었다. 6학년의 프로젝트 수업 계획을 다른 학년 선생님들과 나누었다. 수업의 계획 초기 단계에서 빛나는 아이디어를 함께 공유하는 것, 수업 나눔의 한 부분이다. 성취기준을 너무 꼼꼼히 본 탓에 성취기준에 제시된 지구촌 문제만 다루는 것에 몰입되어 있던 우리에게 아름쌤이 제안했다.

"지속가능발전 목표 SDGs와 연계해보는 것은 어때요?"

너무 좋은 아이디어다. 아이들은 지속 가능발전 목표의 존재 자체도 모를 텐데! 우리의 삶과 직접 연계된 17개의 주제가 너무나 명확하게 드러나 있었는데 하마터면 놓칠 뻔했다. SDGs는 지구촌이 지속 가능한 발전을 하기 위해서 채택한 UN과 국제 사회의 공동 목표이다. 총 17개 목표와 169개의 세부 목표로 포괄적인 이슈를 담고 있으며 다양한 주체의 참여를 강조하고 있다.[1] 국제기구인 UN에서 만든 지속가능발전 목표를 다루다 보면 자연스럽게 지구촌 문제 해결을 위한 국제기구의 노력도 함께 이해할 수 있게 될 것이다. 아이디어 채택의 순간이다.

"아이들이 세계시민에 어떻게 관심 가지게 할까요?"

---

1)지속가능발전목표(SDGs) 경제산업 부문의 효과적인 국내이행을 위한 기초연구, 임소영, 김성규, 김지혜 / 2016. 23p

배움의 시작은 호기심으로부터 시작한다는 사실을 일깨워주는 중요한 물음이다. 초이쌤의 고민이 나머지 두 선생님에게 고스란히 전해졌다. 학습 동기 유발로 두 마음 토론을 하자는 의견에 모두 동의했다. 두 마음 토론이란, 한 주제에 대해 찬성과 반대의 관점으로 나누고, 각각의 입장에 맞게 근거를 제시하면서 주제와 연결하는 방법이다. 다양한 관점에서 주제를 살펴볼 수 있다는 장점이 있다. 문제는 어떤 내용으로 두 마음 토론을 진행해 세계시민과 자연스럽게 연결되고 아이들이 탐구하려는 흥미를 촉진할 수 있느냐 하는 것이다. 뉴스 기사도 찾아보고 논쟁거리가 되었던 내용도 떠올려 보았지만 "바로 그거야!"라는 결론으로 이어지지는 못했다. 세계시민이라는 용어를 도입하기 전에 아이들이 어려워하지 않고 지루해하지 않을 무엇인가가 필요했기 때문이다.

"아이들의 삶과 관련될수록 흥미를 느낄 텐데……."

"첫 시작이 자연스러워야 와닿을 수 있는데 말이죠."

수석쌤과 초이쌤의 고민과 탄식을 듣고 있던 기백쌤의 눈이 갑자기 초롱초롱해졌다.

"얼마 전에 뉴스를 보니 캐나다 산불로 우리 소방대원이 직접 파견되었다 하는데, 먼 나라 일에 우리 소방관을 파견해도 되는지로 토론해보면 어떨까요?"

"오! 그것 정말 좋네요. 그 지역의 문제가 아니라 지구촌 전체의 문제로 우리가 모두 연결되어 있음을 이 사례로 토론하고 세계시민의 개념을 도입하면 아이들에게 확 와닿을 것 같네요."

"그럼, 학생들의 학습 동기 유발로 캐나다 산불 영상을 보여주면서 '외국의 산불 현장에 우리나라 소방대원의 파견이 필요한가?' 두 마음 토론을 하는 것으로 해요."

가르치는 교사의 입장이 아니라 배우는 아이의 입장에서 고민하였기에 새로운 생각과 연결되었고, 수업을 통해 교사도 성장한다는 말이 이런 순간에 적용이 된다고 할 수 있다. 이제 모든 준비는 끝났다. 가자, 세계로! 가자, 아이들에게로!

#세계시민챌린지 평가 계획

다음 관문은 평가였다. 지금은 초등학교에서 일정을 잡아서 전교생이 함께 치르는 일제식 평가를 치르지 않는다. 그러나 시기에 따른 평가가 없어졌을 뿐이지 학년별 또는 학급별로 지필평가와 수행평가 등 다양한 평가를 한다. 수학의 경우 한 단원을 배우고 나면 단원평가도 치고, 음악의 경우 악기 다루는 기능에 대한 실기 평가도 이루어진다.

그런데 평가를 보는 관점은 달라졌다. 교수평기 일체화라는 말을 들어 본 적이 있는가? 교육과정의 성취기준 안에서 학습 목표를 정하고, 학습 목표에 도달하기 위해 다양한 형태의 활동을 하게 되는데 우리는 이것을 수업이라고 한다. 수업을 통해 배움이 일어나게 된다. 그 배움이 얼마만큼 일어났는지 측정하게 되는 것이 평가이다. 학생들은 수업 활동을 이어가지만, 교사는 수업 장면을 보면서 관찰하거나 활동의 결과물을 가지고 학생에게 어떤 배움이 일어났는지 평가하게 된다. 수업과 평가가 따로 떨어져 있는 것이 아니라 수업한 내용이 바로 평가 내용이 되는 것이다. 이때 이루어지는 평가는 교사의 관찰평가, 학생이 자신을 스스로 평가하는 자기평가, 학생 간에 이루어지는 상호평가이다. 그래서 우리도 수업 내용이 바로 평가가 되도록 수업 계획과 동시에 평가 계획을 설계하였다. 먼저 평가 내용을 '지구촌에서 발생하는 여러 문제 상황을 이해하고 해결하기 위한 다양한 노력을 통해 세계시민 의식을 높여 챌린지로 실천하기'라고 정하고, 지식·이해, 과정·기능, 가치·태도 세 가지 영역별로 평가 요소를 구분하였다. 평가 과제를 세 가지(지구촌 갈등의 해결 방안 모색, 지구촌 평화와 발전을 위한 노력, 지속 가능한 미래를 건설하기 위한 챌린지에 참여하기)로 정리하고 성취 수준과 평가 요소, 그리고 각 요소에 따른 채점 기준을 만들고 평가척도를 계획했다.

2~5차시에 지구촌 갈등의 사례를 태블릿을 통해 개별로 조사한다. 조사한 내용은 패들렛이라는 디지털 도구를 활용해서 갈등의 유형별로 분류한다. 모둠별로 분류된 조사 내용을 보고 구체적으로 조사하고 싶은 갈등의 사례를 정한다. 모둠원들은 서로 역할을 정해 내용을 조사하고 발표 자료로 정리한다. 이때 협업을 할 수 있는 디지털 도구 '캔바'를 활용하여 하나의 PPT를 공동작업으로 만들게 한다. 각자의 역할에 따라서 조사한 내용을 보고 지구촌 갈등의 원인과 영향을 어느 정도 이해하고 있는지 평가하고, 여기에서 가치 영역도 평가한다. 지구촌 갈등의 해결 방안을 제시할 때 세계시민의 의식을 바탕으로 해결 방안을 도출해 내는지 살펴본다. 말과 생각에는 그 사람의 가치가 포함되어있기 때문이다.

6~7차시에서는 지구촌 문제를 해결하기 위한 국가, 개인, 비정부 기구의 노력을 조사하는 수업이 전개되는데 이 과정에서 기능적인 영역을 평가한다. 조사하는 방법은 잘 알고 있는지, 적절한 사례를 통해서

행위 주체의 특성을 비교할 수 있는지를 평가한다.

13~14차시에서는 챌린지에 동참하는 태도를 평가한다. 서로의 의견을 존중하면서 의사소통하고 있는지, 챌린지를 계획할 때 적극적으로 의견을 개진하는지 등을 평가한다. 채점 기준을 만들 때는 평가척도가 중요하다. 상 수준의 학생 중에서 가장 낮은 수준을 어느 정도로 정할지가 관건이다. 이 부분이 정해지면 상, 중, 하의 기준을 세우기가 쉬워진다. 이 과정을 통해 평가의 객관성과 신뢰성을 확보하려고 노력하였다.

과제명	지구촌 갈등의 해결 방안 모색		
성취 기준	지구촌의 평화와 발전을 위협하는 다양한 갈등 사례를 조사하고 그 해결 방안을 탐색한다.		
성취 수준	상	중	하
	지구촌의 평화와 발전을 위협하는 갈등 사례를 조사하고 해결 방안을 탐구한다.	지구촌의 평화와 발전을 위협하는 갈등 사례를 조사하고 해결 방안을 제시한다.	지구촌의 평화와 발전을 위협하는 갈등 사례를 조사하고 해결 방안을 살펴본다.
평가 요소	채점 기준		평가 척도
갈등 사례 분석 및 해결 [지식·이해]	갈등의 종류에 따른 적합한 사례를 찾아 갈등의 모습과 그 원인을 찾고 구체적인 해결 방안을 탐구한다.		상
	갈등의 종류에 따른 적합한 사례를 찾아 갈등의 모습이나 원인을 찾고 해결 방안을 제시한다.		중
	갈등의 종류에 따른 사례를 찾아 갈등의 모습이나 원인을 정확하게 파악하지 못한다.		하

과제명	지구촌 평화와 발전을 위한 노력		
성취 기준	[6사08-04] 지구촌의 평화와 발전을 위해 노력하는 다양한 행위 주체(개인, 국가, 국제기구, 비정부 기구 등)의 활동 사례를 조사한다.		
성취 수준	상	중	하
	지구촌의 평화와 발전을 위해 노력하는 다양한 행위 주체의 활동 사례를 찾아 주요 특성과 역할을 정리한다.	지구촌의 평화와 발전을 위해 노력하는 다양한 행위 주체의 활동 사례를 찾아 특성과 역할을 살펴본다.	지구촌의 평화와 발전을 위해 노력하는 다양한 행위 주체의 활동 사례를 찾는다.
평가 요소	채점 기준		평가 척도
개인과 국가의 노력 조사 [과정· 기능]	지구촌 평화와 발전을 위해 노력한 개인과 국가를 알고 그의 업적인 주요 활동을 구체적으로 조사하여 정리한다.		5
	지구촌 평화와 발전을 위해 노력한 개인과 국가를 알고 그의 업적을 조사하여 정리한다.		3
	지구촌 평화와 발전을 위해 노력한 개인과 국가를 조사하였으나 정리하는 데 어려움이 있다.		1
국제기구, 비정부 기구의 노력 조사 [과정· 기능]	지구촌 평화와 발전을 위해 노력한 국제기구 또는 비정부 기구를 조사하여 설립 목적과 주요 활동을 구체적으로 정리한다.		5
	지구촌 평화와 발전을 위해 노력한 국제기구 또는 비정부 기구를 조사하여 정리한다.		3
	지구촌 평화와 발전을 위해 노력한 국제기구 또는 비정부 기구를 조사하였으나 정리하는 데 어려움이 있다.		1

평가 결과	상	중	하
	8점 이상	6~7점	5점 이하

과제명	지속 가능한 미래를 건설하기 위한 #챌린지에 참여하기
성취 기준	[6사08-06] 지속 가능한 미래를 건설하기 위한 과제(친환경적 생산과 소비 방식 확산, 빈곤과 기아 퇴치, 문화적 편견과 차별 해소 등)를 조사하고, 세계시민으로서 이에 적극적으로 참여하는 방안을 모색한다.

성취 수준	상	중	하
	지속 가능한 미래를 건설하기 위하여 방안 모색에 적극적으로 참여한다.	지속 가능한 미래를 건설하기 위하여 방안 모색에 참여한다.	지속 가능한 미래를 건설해야 함을 이해한다.

평가 요소	채점 기준
협력적 태도 [가치· 태도]	□ 각종 토의 시 발언 기회를 독점하지 않고 다른 친구의 의견을 존중한다. □ 챌린지 계획 시 적극적으로 참여하여 의견을 제시한다. □ 선정된 챌린지 활동에 동참한다. □ 주변에 챌린지 활동을 홍보하는 데 적극적이다.

평가 결과	상	중	하
	3가지 이상 조건 충족	2가지 조건 충족	1가지 이하 조건 충족

이 프로젝트 수업을 계획할 때 어떤 생각이 들었나요?
수업의 흐름, 평가 등등 생각해야 할 것이 많았을 것 같아요.

 수석쌤

시험 후 버려지는 쓸모없는 지식이 아니라, 아이들의 삶을 변화시키는 경험을 통해 더 깊은 배움의 기회를 주고 싶었어요. 세계에서 일어나는 문제는 결코 나와 동떨어진 것이 아니며 이는 곧 나의 문제가 될 수 있다는 인식이 필요해요. 특히 환경 문제는 세계 모든 사람의 삶에 영향을 미치고 있잖아요.

하지만 세계시민 의식은 중요한 키워드임에도 불구하고 선진국과 비교해 우리나라에서는 충분히 강조되지 않는 것 같아요. 그래서 이번 기회를 통해 세계시민 의식의 필요성에 대해 진솔하게 이야기해 보려고 해요. 현재의 이익에 집착하기보다 먼 미래를 보는 것이 왜 중요한지를 강조하고 싶어요. 결국 우리들의 미래는 지금의 아이들에게 달려 있잖아요.

 초이쌤

세계시민, 지구촌 갈등 상황, 국제기구, 비정부 기구 등 프로젝트 수업에서 다루어야 하는 개념은 많고 그 사례도 다양하며 심지어 쉽게 와닿지도 않아요. 이 프로젝트 수업의 목표는 학생들이 이러한 개념들을 배우고, 세계시민으로서의 태도와 역량 또한 갖추는 것이지요.

다른 선생님들과 프로젝트 수업의 흐름과 평가를 함께 고민하고 계획하는 일은 참 흥미롭고 행복했어요. 제가 생각지도 못한 부분도 언급되고, 새로운 사고를 자극하기도 하고요. 저는 프로젝트 수업을 할 때 자연스러운 흐름을 중시하는 편이에요. 문제 제기부터 일련의 개념 학습과 조사 학습, 탐구학습 등이 어우러지고, 그 결과 프로젝트 수업을 관통하는 하나의 산출물이 나오기까지의 모든 흐름 말이에요. 학생들이 수업을 통해 한 명의 세계시민으로서 얼마나 많이 배우고, 얼마나 많이 성장할지 벌써부터 기대가 돼요.

 기백쌤

학생들이 학습에 부담을 느끼는 주된 이유는 평가 때문이라 생각해요. 특히 사회 교과는 어려운 용어와 낯선 개념들이 많아 암기 과목으로 여겨지곤 해요. 그러나 사회 교과의 목표는 단순히 용어와 개념을 많이 아는 것이 아니에요. 아이들이 사회에서 경험하는 현상을 이해하는 능력을 기르는 것이 근본적인 목표이고, 개념은 이러한 능력을 활용할 때 필요한 도구일 뿐이죠. 결국, 핵심은 '나'와의 관련성이죠.

이번 프로젝트 수업의 평가도 사회 교과의 목표에 부합해야 한다고 생각했어요. 아이들의 삶과 관련된 학습 활동 과정에서 자연스럽게 기능적 영역과 정의적 영역을 종합적으로 평가해 학습과 평가를 일원화하고자 노력했어요. 이를 통해 아이들이 평가의 압박에서 벗어나 학습 활동에 더 집중할 수 있길 기대해요. 평가는 성장의 과정이지 학습의 목적이 아니에요. 학습과 평가가 균형있게 설계된 수업을 통해 우리 아이들이 어제보다 더 나은 '나'를 찾아갔으면 좋겠습니다!

#세계시민챌린지 프로젝트 수업하기-실행

#세계시민챌린지 프로젝트 수업 시작

처음부터 예상 가능했던 문제가 생겼다. 초이쌤의 학교는 다른 두 선생님의 학교보다 1~2주가량 빨리 개학했고, 이 프로젝트 수업의 첫 시작을 학부모 공개수업으로 하리라는 초이쌤의 목표에 따라 프로젝트 수업의 시작 시기가 정해졌다. 다른 두 선생님은 달랐다. 6학년 사회의 마지막 단원을 무리해서 빨리 진행할 필요가 없었다. 결국 다시 논의했다. 처음 계획은 서로 프로젝트 수업을 진행하는 과정에서 협의하고, 다른 학년처럼 온라인으로 만나 이야기도 나눠보고 서로 피드백해보는 것을 계획하였으나, 순차적으로 진행할 수밖에 없었다. 각자의 방식으로 프로젝트 수업을 시작했다. 먼저 시작한 사람은 시작 단계의 고민을 팀에서 나누고, 다음에 시작하는 사람은 다른 학교의 수업을 바탕으로 수업을 진행하여 수업을 수정·보완해나갔다.

수업은 스토리텔링으로 시작되었다. 캐나다에서 발생한 대형 산불과 그곳에 파견된 한국의 국제협력단 이야기. 과연 그들이 한국을 떠나 지구 반대편의 나라에 가서 온 힘을 다해 불과 싸울 이유가 있는가? 캐나다와 지리적으로 인접해 있어 산불이 번질 우려가 있는 미국과도 입장은 전혀 다르지 않은가? 아이들은 '외국의 대형 산불, 우리나라 소방관의 파견은 필요한가?'라는 주제로 두 마음 토론을 하였다. 아이들은 각자의 논리대로 소방관의 파견이 필요한 이유와 필요하지 않은 이유를 들었고, 열띤 토의를 거쳤다. 하지만 아이들의 마음 대부분에는 처음부터 '필요하다'라는 의견이 더 많이 차지하고 있었다. 바로 그 마음이 '세계시민 의식'이라는 것을 알려주니 아이들은 조금은 알 것 같다는 눈빛을 보냈다. 우리는 이 프로젝트 수업을 통해 세계시민 의식을 기르고, 지구촌 문제를 해결하기 위해 챌린지 영상을 찍어 전 세계에 알릴 것이라는 당찬 포부를 밝혔더니 아이들의 눈빛이 반짝였다.

아이들은 하루빨리 프로젝트 수업을 하고 싶어 했다. 아이들은 스스로 지구촌의 문제를 찾고, 이를 해결하는 방안을 모색하고 그것을 세계에 알릴 것이다. 수업에 기대를 한다는 것은 참으로 놀라운 일이다. 아이들 못지않게 교사도 기대감에 부풀어 있었다. #세계시민챌린지, 대단원의 막이 본격적으로 올라갔다.

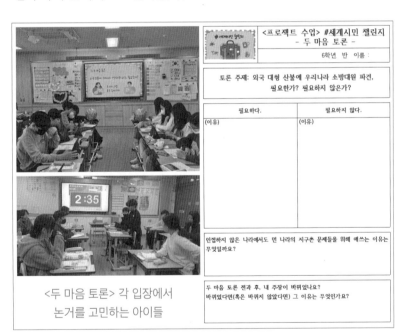

<프로젝트 수업> #세계시민 챌린지
- 두 마음 토론 -

6학년 반 이름:

토론 주제: 외국 대형 산불에 우리나라 소방대원 파견,
필요한가? 필요하지 않은가?

필요하다.	필요하지 않다.
(이유)	(이유)

인접하지 않은 나라에서도 먼 나라의 지구촌 문제들을 위해 애쓰는 이유는 무엇일까요?

두 마음 토론 전과 후, 내 주장이 바뀌었나요?
바뀌었다면(혹은 바뀌지 않았다면) 그 이유는 무엇인가요?

<두 마음 토론> 각 입장에서
논거를 고민하는 아이들

세계시민챌린지 프로젝트 수업이 시작되었어요.
프로젝트 수업을 시작한 소감이 듣고 싶어요.

 수석쌤

두 마음 토론을 했어요. 캐나다 산불 진화를 위해 우리나라 소방관 대원을 파견해야 하는가를 묻는 질문에 학생 대부분이 '파견하지 않아도 된다'라는 쪽으로 몰렸지요. 저는 학생들을 설득하며 "재미있는 토론을 위해 제 생각을 쫓아서 가기보다는 이번에는 '이 입장에서 토론해야지'라는 생각으로 참여하면 좋겠어요."라고 말했지요.

착하고 봉사하려는 아이들이 자리를 이동해 주어서 두 마음 토론을 시작할 수 있었어요. 입론을 만들고 의견에 대한 근거를 들어서 주장하는 말하기를 연습했지만 토론이 원활히 진행되지 않았어요. 소방관을 파견해야 한다는 팀이 일방적으로 몰리는 상황이었죠. 뿐만 아니라 반론도 핵심 질문이 아닌 말꼬리를 잡는 형태로 이어졌어요. 결국 제가 개입을 해서 균형을 맞췄어요. 5학년 국어 교육과정에 '토론과 토의'라는 단원에서 학습이 제대로 되었다면 두 마음 토론이 더 재미있고 의미있는 시간이 되었을 것이라는 아쉬움이 들었어요.

 초이쌤

저는 교사로서 겁도 없고 용감한 편이에요. 특히 수업에 관련해서는 더더욱 그렇죠. 프로젝트 수업이 아이들을 얼마나 성장시키는지 학부모님들께 알리고 싶어, 첫 차시를 당당히 학부모 공개수업으로 정하고, 실행에 옮겼어요.

아이들은 이미 프로젝트 수업에 긍정적인 경험을 많이 가지고 있었지만,

학부모님들은 달라요. 학부모님들께서 학창 시절일 때와 지금의 교실은 많이 달라졌으니까요. 우리 아이들이 급변하는 미래 사회에서 필요한 역량을 어떻게 배우는지 궁금해하실 것이라 생각했어요. 23명의 아이들과 열몇 분의 학부모님을 모시고 프로젝트 수업의 시작을 알렸어요. 아이들은 평소와 같은 열렬한 환호성은 없었지만, 충분히 설레고 기대한다는 것을 느낄 수 있었죠. 특히 '어떻게 하면 다른 사람들이 지구촌 문제에 관심을 가지고, 그들의 의식을 변화할 수 있을까?'라는 질문에 아이들의 아이디어가 쏟아져나왔어요. 그러던 중 유튜브에 영상을 찍어서 올리자는 말이 아이들의 입에서 나왔고, 자연스럽게 프로젝트 수업 이름인 '#세계시민챌린지'가 소개되었어요. 꽤 자연스럽고 만족스러운 시작이었어요. 앞으로도 정말 기대돼요.

 기백쌤

교사인 저부터 '내가 과연 세계시민으로 살고 있나?'에 대해 고민이 많았어요. 우리는 어렸을 때부터 공동체의 중요성을 교육받았기에 나의 이익을 먼저 생각하는 심리를 공개적으로 말하기 두려워해요. 이기적이고 잘못된 것 같은 느낌이 들기 때문이죠. 이러한 이유로 첫 시간의 두 마음 토론을 시작하기 전, 22명 중 18명이 먼 나라 일도 도와야 한다고 했고 그 이유로 양심과 도덕을 언급했어요. 논리적으로 설명할 수는 없지만 도와줘야 할 것 같다는 거죠. 나머지 4명은 도와줘야 하지만 냉정히 우리 국민인 소방대원의 목숨이 위태로운 상황에서 왜 도와주어야 하는지 모르겠다고 말했어요. 하지만 이 아이들도 역시 찝찝하다고 했어요. 토론 전후 아이들과 마음을 나누면서, 저는 이 자연스러운 감정을 부정하지 말고 이러한 마음부터 접근하자고 말했습니다. 그 찝찝한 마음이 바로 세계시민 의식이며, 자기 국가를 먼저 생각하는 것이 당연하지만 그 이기적인 마음을 견제하는 도덕적 양심 장치가 세계시민 의식임을 아이들과 나누었어요.

토론 후 아이들의 눈빛이 별처럼 빛나는 게 보였어요. 저의 기대가 아이들에게도 전해져서 그런 걸까요? 앞으로 하게 될 '#세계시민챌린지' 프로젝트 수업을 공개하는 순간, 아이들의 탄성이 나왔고 교사인 저도 흥분되었어요. 뻔히 예상되었던 교과서 내용에 반전을 주는 활동들 속에서, 수업 시간만큼은 제가 모든 막의 설계자라고 느꼈습니다.

지구촌 문제에 관심 가지기
세계시민으로서 지구촌 문제 바라보기

지구촌 문제는 너무도 다양하고 많다. 민족 문제, 종교 문제, 자원 문제, 영토 문제, 환경 문제뿐만 아니라 분류할 수 없는 복합적인 문제들도 발생한다. 아이들은 스스로 지구촌 문제에 관해 관심을 가지고 기사들을 찾아보기 시작했다. 본인이 찾은 기사를 패들렛에 올리고, 요약해 보고 이것을 범주화하였다. 지구촌 문제에 대한 자기 생각도 나누었다. 다른 친구들이 조사했던 것들을 살펴보며, 심화 조사하고 싶은 주제를 3순위까지 정해보았다. 아이들은 단순히 더 알고 싶은 주제라고 생각했지만 사실은 동질 집단으로 모둠을 세우고 싶은 교사의 의도가 숨어있었다. 관심 있는 주제를 다루면 학습의 내적 동기가 더 고취될 것이라는 생각이었다. 아이들은 교사의 주도면밀함에 놀라면서도 본인이 더 조사하고 싶은 부분을 더 조사할 수 있다는 것에 내심 기뻐했다.

한 학급마다 5~6개의 모둠을 구성하자고 사전에 합의하였다. 모둠은 이후 챌린지 영상까지 계속 함께할 것이다. 교사의 재량껏 남녀, 학생 역량을 고려하여 동질 집단으로 모둠이 구성되었다. 모둠의 첫 번째 과제는 '지구촌 문제 심화 조사하고 발표하기'로, 핵심은 단순히 지구촌 문제를 다루는 것을 넘어 지구촌 문제가 지금 우리의 삶에 어떤 영향을 미치는지까지 조사하는 것이다. 아이들은 일본 원전수 방류로 인한 소금값 폭등, 아마존 숲 파괴로 인한 온실가스 증가가 원인이 된 지구온난화 피해 등 많은 것을 찾아냈다. 이 과정에서 아이들은 지구 반대편에 있는 문제들이 나에게도 영향을 미친다는 점에서 말 그대로 '지구촌'이라는 것을 경험했다.

심화 조사는 이미 숱한 경험으로 나름 거뜬하게 해내지만 문제는 발표였다. 여태 아이들이 경험했던 발표는 발표 자료를 잘 만드는 한 명과 발표를 잘하는 또 다른 한 명이 주도해 왔다. 하지만 이번 프로젝트 수업에서는 역량 있는 세계시민을 기르기 위해, 모든 모둠원이 발표 자료를 만들어 각자 자신의 부분을 발표하는 것을 평가를 하기로 했다. 아이들은 캔바와 미리캔버스 등을 사용하여 각자의 발표 자료를 만들었다. 처음에는 네 것, 내 것 하면서 약간의 혼란이 있었으나, 디지털 네이티브답게 금방 적응하였다.

대망의 발표 시간. 아이들은 떨리는 마음으로 자신들이 조사한 지구촌 문제와 그것이 우리에게 미치는 영향들을 발표하였다. 따로 질문 시간도 마련하였다. 아이들은 조사했던 범위 내에서 답변하려고 노력하였고, 답변하지 못하는 내용은 '추후 조사 후 다시 답변드리겠습니다.'라는 성숙한 태도로 응했다. 벌써 멋진 세계시민이 된 것 같았다.

지구촌 문제, 누군가는 해결을 위해 노력하고 있다.

지금까지 지구촌 문제들을 다루었다면 이번에는 그것을 해결하고자 노력하는 여러 주체들의 활동을 조사했다. 먼저 갈등 해결의 주체들을 성취기준에 맞게 개인, 국가, 국제기구, 비정부 기구로 제시하였다. 처음 접하는 개념도 있어 교과서를 보며 예시도 알아보았다.

아이들은 포스트잇에 조사 결과를 열심히 적으며 각 주체에 맞게 분류하였다. 토론도 활발히 했다. 주체가 헷갈릴 때는 모둠에서 협의를 통

모둠 발표 후 질문시간   지구촌 문제 해결 방안 탐색 (월드 카페)

지구촌의 문제의 원인과 해결 방안을 논의하여 발표

해 바른 답을 찾기 위해 노력하였다. 아이들은 생각보다 '개인'의 노력을 찾는 것을 어려워했다. 인권 운동의 말랄라 유사프자이처럼 특정 인물의 이름을 찾도록 했지만 아이들은 거의 찾지를 못했다. 월드 카페 토론을 통해 다른 모둠의 지구촌 문제 해결 사례를 듣고 오더니 다른 모둠도 비슷한 상황이라는 것을 모두가 알게 되었다.

"사람 한 명은 너무 힘도 없고 영향력이 없어서 그런 거 아니에요?"

지구촌 문제 해결을 위한 비정부 기구가 생기게 된 이유까지 아이들은 찾아냈다. 자연스럽게 비정부 기구 이야기를 꺼낼 수 있었다. 비정부 기구란 지구촌 문제를 해결하기 위한 전 지구적 차원의 시민단체 같은 거라고 설명하니 아이들은 생각보다 쉽게 이해했다.

내가 만드는 비정부기구

비정부 기구의 개념을 처음 접한 아이들은 비정부 기구에 대해 흥미를 보였다. 흔히 들어 본 유니세프, 굿네이버스 등은 잘 알고 있으나 다른 것도 조사하고 싶어 했다. 교과서에 제시된 비정부 기구를 교사가 일방적으로 설명하는 것이 아니라 아이들이 자발적으로 조사하고 싶은 분야의 여러 비정부 기구를 조사하게 했다. 그리고 패들렛에 자신의 조사 결과를 정리하여 친구들과 공유했다.

아이들은 비정부 기구의 로고가 상징하는 바를 조사하고, 그들이 하는 일, 관련 기사를 친구들과 나누었다. 단연 인기 있는 비정부 기구는 세계자연기금(WWF)이었다.

"왜 세계자연기금의 로고가 판다일까?"

"판다가 멸종 위기종이라서 그런 거 아닐까요?"

아이들은 로고 속 판다를 푸바오라고 불렀다.

나중에 학급 친구들이 패들렛에 올린 비정부 기구들을 본 아이들은 교과서에 있는 기구 외에도 이렇게 다양한 분야의 비정부 기구들이 있었는지 몰랐다며 신기해했다. 비정부 기구를 스스로 찾은 학생들의 결과물들이 모여 교과서보다도 더 훌륭한 우리 반만의 교과서가 만들어 졌다. 이것이야말로 아이들이 스스로 만들어가는 교육과정이자 교과서 아닐까?

비정부 기구를 조사하고 난 뒤 자연스럽게 우리가 조사하였던 지구 촌 문제와 연결했다. 세계시민으로서 비정부 기구를 만들 수 있다고 이

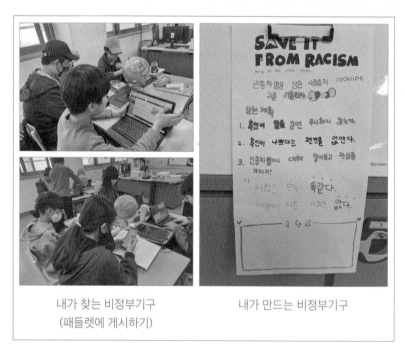

내가 찾는 비정부기구
(패들렛에 게시하기)

내가 만드는 비정부기구

야기하였더니 아이들의 머릿속에서 아이디어가 샘솟았다. 하지만 하나의 부담이 있었다. 바로 매력적인 로고이다.

아이들에게 기업의 이름과 슬로건을 넣으면 로고를 만들어주는 생성형 AI인 'Brandmark'라는 사이트를 알려주었다. 이것도 우리 교육연구회 회원이 가르쳐 준 사이트이다. 아이들은 영어로 된 사이트에 1차로 놀랐으나, 이내 번역기를 떠올렸고, 자신들이 만들고 싶은 비정부 기구의 그럴듯한 로고가 만들어진다는 점에 2차로 놀랐다. 아이들은 이 로고를 활용하여 나만의 비정부 기구를 만들었고, 같이 활동하고 싶은 비정부 기구에 투표도 하였다. 정교함을 살리기 위해 단순한 투표가 아닌 후원의 형식으로 진행한 점도 아이들의 몰입을 도왔다.

> 지구촌 문제와 해결은 너무 어려운 학습 주제인 것 같아요.
> 선생님은 어떻게 지도하셨나요?

 수석쌤

지구촌 갈등의 원인과 해결 방법, 다른 나라에 미치는 영향 등을 팀별로 논의하고 <캔바>라는 디지털 도구로 협업을 했어요. 앞 프로젝트 수업 때 캔바의 기능을 익혀 두었기에 이번 수업은 순조롭게 진행되었죠. 여러 번의 프로젝트 수업으로 팀에서 서로의 생각을 나누고 해결 방법을 모색해 나가는 과정도 제법 원활히 이루어졌어요. 프로젝트 수업은 비판적 사고력, 의사소통 능력, 협업 능력, 창의력 등 미래에 필요한 역량을 키우기에 매우 적합한 수업 모형으로 알려져 있지요.

그런데 문제가 생겼어요. 교사가 좀 더 신경을 써서 팀별로 소통이 잘 되는지 살펴봐야 했는데, 겉으로는 아무런 문제가 없어 보였던 한 모둠이 소통에서 불편함이 생겼고, 결과를 만드는 과정에서 불협화음이 생겼지요. 프로젝트 수업이 끝나고 성찰 부분에서 그동안 불편한 마음을 말하는 학생이 있어서 알게 되었어요.

이런 상황은 필요악일 수 있다는 생각도 들어요. 사회에서는 불편한 마음을 모두 내비칠 수도 없거니와 불편한 사람과의 동행은 피할 수 없는 일이에요. 공동의 목표를 향해 협업을 하다 보면 조금씩 서로의 마음을 알게 되는 시간이 와요. '이번 경험을 통해 협력하기 위해서는 서로 존중하고 배려하는 것이 꼭 필요하구나!'라고 깨닫기를 바라고 있어요.

 쵸이쌤

솔직히 말하자면, 저는 학창 시절 사회를 별로 좋아하지 않았어요. 개념이 어렵고, 사회 문제는 끊임없이 변화해서 명확한 답이 없다는 것이 저의 핑계였죠. 하지만 이 점이 교사가 된 후 느끼는 사회과의 매력이에요.

프로젝트 수업을 진행하면서 아이들도 사회과의 매력에 빠져버렸어요. 정답이 정해지지 않은 문제들이 호기심을 자극하죠. 수많은 기사 속에서 자신들이 원하는 기사를 찾기 위해 아이들은 자발적으로 숙제를 해오고 친구들과 공유했어요.

우리 반의 ○○이는 학교에 영 흥미를 붙이지 못하는 편이에요. 무단으로 결석하거나 점심시간 무렵 등교하는 날이 많아요. 사회를 좋아하는 ○○이를 위해 프로젝트 수업은 5, 6교시에 몰아서 집중형으로 진행했어요. 어떤 날은 학교에 지각하면서도 사회 조사를 해오는 아이러니한 모습을 보이기도 했죠.

"열심히 참여하는 모습이 정말 보기 좋구나. 이 모습 1교시부터 보여줄 수 있겠니?"

제 말에 ○○이가 씨익 웃더군요.

 기백쌤

아이들의 삶, 매일 마주하는 친구, 부모, 선생님과의 관계 성찰부터 세계 시민의식이 시작된다고 생각해요. 핵심은 갈등을 대처하는 태도이죠. 우리는 매일 뉴스나 생활 속에서 세계 문제와 갈등을 경험하고 듣게 됩니다. 이 수업을 통해 여러 갈등에 대처하는 자세와 의식을 배울 수 있었어요. 개인이 모여 사회와 국가가 되고, 국가들이 모여 국제기구가 되고, 공동체의 문제 해결에 동참하는 사람들이 모여 비정부 기구가 만들어집니다. 우리 아이들은 잠재적 가능성을 갖고 있기에 우리 반에서 국가의 지도자부터 국제기구에 활동하는 외교관, 시민운동가 등이 나올 수 있음을 프로젝트 수업 과정에서 계속 말해주었어요. 아이들은 우리가 배우는 것이 나의 삶과 미래와 연결되어 있음을 느끼는 듯 보였어요.

그래서 그런지 아이들은 스스로 약속을 잡고 방과 후, 쉬는 시간에 개념을 공부하거나 모둠 활동을 계획했어요. 아이들 삶 전체가 배움의 시간으로 확장되고 몰입하게 된 거죠. 그 모습을 보니 교사인 저도 사회 시간이 기다려졌어요. 교사와 학생 모두 배움에 몰입하는 것은 값진 경험이에요. 진정한 배움이란 수업과 생활이 분리되지 않고, 자신의 필요와 욕구에 따라 성장하고 성취를 하려는 마음에서 이루어져요, 아이들은 오늘도 성장하고 있고 앞으로도 성장할 거라 확신합니다.

우리의 #세계시민챌린지 시작!

챌린지 영상 제작을 준비하며

"알고 있는 챌린지를 이야기해 볼까요?"

"하입보이 챌린지요."

"새삥 챌린지요."

아이들은 너도나도 자기가 아는 챌린지를 이야기하기에 바빴다. 아이들이 말한 챌린지들은 아이돌의 홍보를 위한 춤 챌린지가 대부분이었다. 그때 한 아이가 말했다.

"루게릭병 환우들을 위한 아이스버킷 챌린지도 있어요."

어쩌면 챌린지 돌풍의 시작이었을지 모를 아이스버킷 챌린지를 아이가 스스로 말했다. 아이스버킷 챌린지의 순기능을 설명하며 다양한 선한 영향력의 챌린지 영상을 보여주었다. 쓰레기를 치우고 전후 사진을 촬영하여 공유하는 '트래시 태그 챌린지', 차별을 극복하자는 의미의 '뛰어넘기 챌린지'를 보여주었다. 이미 프로젝트 수업 시작 무렵부터 챌린지 영상을 찍으리라는 것을 알고 있었던 아이들은 당연히 아이돌처럼 춤을 추는 것으로 생각하고 있었는데 당황한 눈치였다.

수업 설계 단계부터 세 선생님이 함께 고민했던 챌린지 영상의 조건을 제시하였다.

① 교육적으로 의미가 있을 것
② 전 세계인이 따라 할 수 있을 정도의 난이도일 것
③ 문화적 다양성을 고려할 것

"여러분이 만든 챌린지 영상이 전 세계적으로 어떤 파급 효과를 일으킬지는 아무도 몰라요."

"선생님, 외국 사람들도 알아볼 수 있게 영어로 제작해야겠어요."

"그럼 우리가 못 알아보잖아."

"자막을 두 개로 달면 되지. 한국어 밑에 영어로. 자랑스럽게 대한민국에서 만들어졌다고 알릴 수도 있고!"

"아주 좋은 아이디어네요. 또 문화적 다양성도 고려해야 해요. (엄지와 검지로 동그라미를 만들며) 이 표시는 어떤 나라에서는 OK, 어떤 나라에서는 돈 등 다양한 의미로 해석될 수 있으니, 영상을 만들 때 충분히 고려하세요."

"네!"

6학년에서 찾아보기 힘든 우렁찬 대답이 들려왔다. 아이들은 조별로 모여 여러 이야기를 주고받으며 때론 웃기도 때론 고뇌하는 표정을 짓기도 했다.

"선생님, 기획안 좀 봐주세요!"

평소 수업에 집중하지 못했던 우리 반 아이가 적극적으로 팀에서 주도적인 역할을 하며 나에게 자발적으로 피드백을 요청했다. 주제 선정부터 역할 분배와 영상의 내용까지 모든 과정을 섬세하게 조정하면서 논의하고 있었다. 아이들은 이 과정에서 이미 '관계'와 '협력'의 가치를 배우는 중이었다.

이제, 결과물만 남았다. 아이들이 어떤 과정으로, 어떤 결과물을 만들어올지 다음 시간이 기대된다.

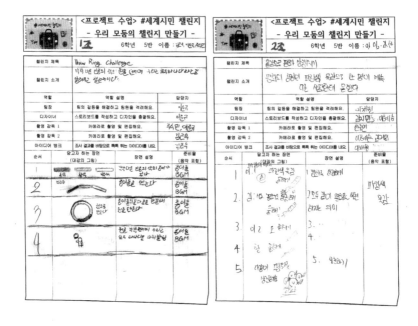

최고의 #세계시민챌린지를 뽑아라

드디어 챌린지 영상을 공개하는 날, 염포초 초이쌤 반 아이들은 기대감에 부풀었다.

"오! 오! 우와!"

이미 자기들끼리 찍는 모습도 봤고, 이미 공유한 아이들도 있었을 텐데, 마치 처음 보는 것처럼 감탄을 자아냈다. 가장 큰 관심을 끌었던 것은 '#흑백사진챌린지'이다. 피부색에 상관없이 우리는 모두 똑같다는 의미로 흑백 필터를 끼고 사진을 찍는 챌린지이다. 챌린지 소개, 찍는 방법 등 모두 한글과 영어로 소개되어 있다. 다른 반 아이들도 함께 참여한 것이 매우 인상적이었다.

기백쌤의 반도 챌린지 영상을 공개하는 날이 왔다.

"우와! 염포초 학생들 정말 대단해요."

챌린지 기획안을 받고 본격적으로 촬영하기 전, 기백쌤은 먼저 프로젝트 수업을 실행한 초이쌤 반의 챌린지 영상을 아이들에게 보여줬다. 먼저 프로젝트 수업을 실행한 반을 참고하여 길라잡이 역할을 할 수 있었고 아이들도 다른 학교와 함께 한다는 사실에 고무되었다. 사전에 받은 기획안을 토대로 환경, 인종, 기아 등 다양한 주제에 대한 창의적인 내용의 챌린지가 나왔고 그중 가장 따라 하기도 쉽고 와닿는 영상으로 '#차별을넘는챌린지'를 뽑았다.

"우리, 차별을 넘는 챌린지를 반 단체로 찍어서 염포초 학생들에게 보내면 어떨까?"

아이들보다도 더 신이 난 기백쌤은 초이쌤과 염포초 학생들의 반응을 기대하며 빠른 종례 후 아이들과 다 같이 운동장으로 나가 지목 챌린지 영상을 찍었다.

"자, 이제 퍼트리자!"

아이들이 결의에 찬 목소리로 하나둘, 방과 후 약속을 잡아 어떤 챌린지에 동참하고 어디에 올릴지 이야기하며 하교했다.

챌린지 촬영 그 후

아이들은 자신들이 만든 챌린지 영상을 자신의 SNS에 올렸다. 초이쌤도 학교 유튜브 공식 계정에 챌린지 영상들을 탑재했다. 아이들에게 다른 모둠의 것 중 참여하고 싶은 챌린지에 참여하고 영상을 SNS에 올리라고 말하였다.

"그런데 이렇게 하면 우리의 챌린지 영상들이 파급력이 있을까? 세계로 뻗어나가야 다른 사람들에게 지구촌 문제에 대해 의식을 변화시키지 않을까?"

"제가 유재석님께 DM을 보내겠습니다."

"저는 펭수에게 우리 챌린지 참여해 달라고 메시지 보낼게요."

"저는 KBS에 이메일을 보낼게요."

"우리 너무 유명해지면 어떡해요?"

아이들의 생각은 훨씬 적극적이었고, 또 유쾌했다. 챌린지 영상들을 QR코드로 만들어 학교 곳곳에 붙였다. 열정 가득한 초이쌤은 시교육청 장학사님께도 포스터를 교육청에 붙여달라고 부탁드렸다.

그 후로 시간이 조금 흘렀다. 가장 먼저 프로젝트를 진행한 염포초 아이들은 #세계시민챌린지 프로젝트 수업을 조금 잊고 살았다. 그러던 어느 날! 기백쌤 반 학생들의 챌린지 영상이 도착했다.

"우리와 함께 프로젝트 수업을 했던 외솔초 챌린지 영상이 도착했어요!"

아이들은 초롱초롱한 눈빛으로 챌린지 영상을 보았다. 외솔초에서 최고의 챌린지로 뽑힌 '#차별을넘는챌린지'에서 '우리는 모두 하나다!'라는 구호와 함께 영상의 마지막에 '염포초 6학년 1반도 함께 해요.'라는 말이 있었다. 아이들은 우리도 빨리하자고 성화였다. #우리는모두하나다 챌린지 영상을 촬영하고, SNS에 탑재하였다. 외솔초에도 보내고 말이다.

#동네 지키기 챌린지 #흑백 사진 챌린지 #포춘쿠키 챌린지 #트래시 챌린지

#대기오염없애기 챌린지

염포초 6-1반
#세계시민챌린지 결과물

#Throw Ring Challenge #평화 챌린지 #콜드 챌린지 #환경 지킴이 챌린지

#페라분 챌린지 #차별을 넘는 챌린지

외솔초 6-5반
#세계시민챌린지 결과물

영상 찍는 모습은 어땠어요? 아이들이 무척 좋아했을 것 같은
데요?

 수석쌤

요즘 아이들은 영상에 대한 흥미와 습득 능력이 매우 빨라요. 하나를 알
려주면 몇 배를 이해하고 실행하더군요. 그래서 간단한 것은 학생들이 서

로 도움을 주고받을 수 있도록 안내했어요. 가르치면서 배움이 정교해지고 자신감도 생기기를 기대했거든요. 교사인 저는 가장 뒤처진 학생을 개별지도하는 데 집중했어요. 프로젝트 수업 초반부터 자세히 알려주고 주변의 친구들도 도와주도록 신경을 썼어요. 그런데 워낙 집중하는 시간이 짧고 학습 이해력도 부족해 곧 집중이 무너지더군요. 최후의 수단으로 제 옆으로 자리를 이동시켜 자신이 맡은 부분을 수행하도록 했죠. 그렇게 모든 팀이 학습 목표에 도달하게 되었어요.

챌린지 영상 찍는 활동은 아이들의 취향 저격이에요. 그 단계로 가기 위해서 팀별로 시나리오를 의논하고 완성하도록 이끌었어요. 이미 영상을 찍는 팀의 웃음소리에 다른 팀들도 조급해졌어요. 자신들도 빨리 영상을 찍는 재미나는 과정을 하고 싶은 것이죠.

수업 중에는 학생들로부터 원망 섞인 반응을 들을 때도 있어요. 원칙을 무너뜨리면 잠깐은 환호를 받을 수 있지만 결국 성취기준에 도달하는 것이 어려울 수도 있어요. 수업의 최종 목표는 학생의 성장입니다. 30년 가까이 수업해 오고 있지만 하면 할수록 알면 알수록 어려운 것이 수업이네요!

 쵸이쌤

유튜브 챌린지 영상 제작 활동은 아이들의 흥미를 끌어올리고, 세계시민과 관련된 프로젝트 수업 산출물로 정말 적합해요. 아이들은 챌린지 영상을 구상하고, 촬영하고, 공유하는 과정을 통해 세계시민으로서 한 걸음 더 나아가 있었어요. 아이들은 자신의 영상이 지구촌 갈등을 해결하는 데 조금이라도 이바지하기를 바랐고, 그렇게 진정한 세계시민으로 성장하고 있었어요.

한 아이가 물었어요.

"선생님, 프로젝트 수업이 끝나면 이 영상은 지우는 거예요?"

"아니, 챌린지 영상은 계속해서 남을 거야. 세계적으로 챌린지 영상이 유명해졌을 때 우리 염포초 6학년 1반이 만든 거라는 것을 알려야지. 최초의 영상은 매우 큰 의미가 있지."

"우리가 졸업하고 나면 우린 이미 6학년 1반이 아닌걸요?"

"그럼 선생님이 계속 6학년 1반 하지 뭐~"

"에이~ 6학년 담임이 얼마나 힘든데요. 힘들게 6학년 또 하지 말고 덜 힘든 학년으로 골라요."

너무 귀여워서 '난 너희들이라서 좋은 거야.'라고 말하고 싶었어요.

 기백쌤

누가 시키지 않았는데도 아이들이 방과 후 교실에 남아 친구들이 만든 여러 챌린지를 함께 촬영하고 연습하는 소리가 자주 들렸어요. 친한 친구 가릴 것 없이 그냥 다 함께 모여 학교와 가정에서 챌린지 영상을 찍고 온라인 플랫폼에 활발히 공유했어요. 초상권을 언급하며 자발적인 참여와 동의를 강조했지만, 아이들에겐 이미 그건 문제가 아니었어요. 모두 자기 의지로 심지어 가족과 함께 영상을 찍고 저에게 공유했어요.

"선생님, 우리 아이가 프로젝트 수업에 열심히 참여하는 모습을 보고 감동했어요."

평소 아이들의 학습 모습이 궁금하셨던 여러 학부모님께서 #세계시민챌린지에 열심히 참여하고 생활 속에서 실천하는 모습을 보니 감동이라고 연락을 주셨어요.

프로젝트 수업 전 과정에서 생성된 산출물을 패들렛에 올려 정리하도록 격려했어요. 학습의 결과물을 저장하고 공유하며 우리 반만의 교과서를 만들고 가정과 공유하기 위해서요. 아이들은 패들렛에 올라간 결과물을 복습하기도 했고 링크를 공유하여 가족들에게 자랑하기도 했어요. 이를 보며 가정과 학교의 소통과 신뢰 형성은 별도의 것이 아니라 아이들의 성장하는 모습을 보여주는 것만으로도 가능함을 깨달았어요. 이미 아이들은 '세계시민'이자 '어른'으로 성장하고 있었어요!

프로젝트 수업을 평가에 반영하기

프로젝트 수업에서의 평가는 활동 과정이 곧 평가의 영역이 된다. 계획 단계에서 평가 내용을 정하고 아이들에게 첫 수업 시간에 안내하였다. 수업을 진행하는 과정에 아이들의 활동 모습, 활동 내용, 활동 결과물을 가지고 평가를 하였다. 활동 내용을 점검하고 피드백을 꾸준히 주었더니, 방향을 못 잡던 아이들도 피드백을 받고 방향을 제대로 잡았다. 자신과 팀원들, 교사의 생각이 모두 반영된 결과물들이 하나하나 만들어졌다. 그 과정에서 단계별로 평가하였고, 최종적으로 이 프로젝트 수업에 대한 전반적인 이해 정도와 수행 정도를 종합적인 총평으로 평가하였다.

신○○ 상

지구촌의 여러 갈등 중 하나인 민족 간의 갈등으로 이스라엘과 팔레스타인 갈등의 모습과 원인을 구체적으로 조사하였고 타당한 근거를 바탕으로 해결 방안을 제시함. 동티모르 분쟁의 평화적 해결에 이바지한 동티모르 가톨릭 주교 카를루스 필리프 시메느스 벨루를 조사하였고, 비정부 기구로는 국경없는의사회를 조사하여 지구촌 평화와 발전을 위한 다양한 노력을 정확히 이해함. 모둠원과의 의견 교류에 민주적인 태도를 보이며 챌린지 영상 제작 및 홍보에 적극적으로 참여함. 지구촌의 발전을 위해서는 세계시민 의식이 필요함을 알고 세계시민 의식을 높이기 위한 챌린지 활동에 적극적으로 참여함으로써 본 프로젝트 수업에 대한 이해도와 수행력이 매우 우수함.

조〇〇 상

남녀의 성차별을 지구촌의 갈등 문제로 인식하여 성차별의 과정을 구체적인 사례를 들어서 내용 정리를 잘하였으며 성차별을 없애는 방법을 타당한 근거를 들어서 제안함. 지구촌 평화를 위해 노력한 인물로 라이베리아의 인권 운동가인 리마 로버타 보위를 조사하였으며, 비정부 기구로는 세이브더칠드런을 조사하여 국제기구와 비정부 기구의 차이점을 정확히 이해함. 전 세계의 가난과 질병, 전쟁으로 고통받은 아이들을 위한 모금 활동 챌린지를 만드는 데 주도적인 역할을 하였음. 세계시민으로서 가져야 하는 태도를 정확히 이해하고 모두가 평화롭고 행복하기 위해서 노력이 필요함을 알고 실천하는 태도가 매우 우수함.

이〇〇 상

프로젝트 수업 '#세계시민 챌린지'에 참여하여, 지구촌의 다양한 문제를 조사하고, 그중 인종차별 문제에 관심을 가지고 적극적으로 문제를 해결하기 위해 노력함. 인종차별 문제를 해결하기 위해 '흑백 사진 챌린지'라는 챌린지 영상을 제작하는데 주도적으로 참여하여 지구촌 문제를 해결하기 위한 세계시민의 한 사람으로서 적극성을 보임.

프로젝트 수업 '#세계시민 챌린지'에 참여하여 국제적인 쓰레기 문제를 해결하기 위해 노력하는 다양한 행위 주체(개인, 국가, 국제기구, 비정부기구)의 활동 사례를 조사하여 합동 발표 자료를 만듦. 지속 가능한 미래를 건설하기 위해 '트래시 챌린지'라는 챌린지 영상을 기획하고 제작하는 데 창의적인 아이디어로 모둠 활동에 큰 도움이 되었으며, 챌린지 영상을 전 세계에 확산시키기 위한 홍보 활동에 적극적으로 참여함.

윤○○ 중

지속 가능한 발전을 위협하는 환경 문제가 지구촌 갈등의 원인일 수 있다는 판단으로 일본 후쿠시마 오염수 방류에 관한 내용을 구체적으로 조사하였고, 앞으로 생길 수 있는 문제점을 근거를 들어서 설명하나 해결 방안에 관한 내용이 두루뭉술하여 구체적이지 못함. 지구촌 평화와 발전을 위해 노력한 인물로 이태석 신부를 자세하게 조사하였으나 비정부 기구를 조사하지 못하였으며 국제기구와 비정부 기구의 특징을 정확히 구분하지 못함. 환경을 보호하자는 의미의 챌린지 영상을 만드는 데 적극적으로 참여함. 세계시민 의식의 중요성을 알고 프로젝트 수업에 참여하여 문제를 해결하는데 이바지하였음.

박○○ 중

민족 간의 갈등인 중국과 티베트 소수민족의 갈등을 조사하였으나 이 갈등이 다른 나라에 미치는 영향으로 인해 지구촌의 평화를 해칠 수 있다는 내용을 이해하는 데는 어려움이 있음. 지구촌 평화를 위한 인물로 넬슨 만델라 대통령을 조사하였으나 국제기구와 비정부 기구의 차이를 이해하는 데는 어려움이 있어 비정부 기구의 사례를 조사하지 못함. 성차별에 관한 챌린지 영상을 기획하고 만들었으나 성차별의 의미를 정확히 이해하지 못해 내용 전달이 미흡한 부분이 있으나 참여는 적극적으로 하였음. 지구촌의 지속 가능한 발전이 중요하며 세계시민 의식을 가져야 함을 이해하고 문제를 해결하기 위한 수행에 참여함.

프로젝트 수업을 마치며

프로젝트 수업의 실행만큼 가장 중요한 것이 마무리, 즉 자신이 배운 것을 되돌아보는 시간이다. 단순히 교과 진도를 나가고 끝난 것이 아니라 내가 무엇을 배웠고 이번 수업을 통해 얼마나 성장했는지를 느낄 수 있기 때문이다.

그래서 '#세계시민챌린지' 프로젝트 수업을 계획하는 단계에서 세 선생님 모두 프로젝트 수업 성찰 시간을 갖자고 이야기를 나눴다. 아이들과 서로의 세계 시민 챌린지를 함께 공유하고 참여한 다음 마지막 시간으로, 한 사람의 세계시민으로서 무엇을 느꼈는지, 관련 개념은 얼마나 이해하고 있는지, 프로젝트 수업을 하면서 재미있었던 점이나 아쉬운 점을 이야기하고 이를 바탕으로 각자 프로젝트 성찰 소감문을 썼다. '타닥타닥', 타자기 소리만 들리고 아무 소리도 들리지 않았다. 평소 프로젝트 수업이 끝나면 한두 줄만 적던 아이들도 이번 프로젝트 수업은 할 말이 참 많았나 보다. #세계시민챌린지 프로젝트 수업이 아이들에게 남긴 것은 무엇일까? 아이들이 쓴 글을 그대로 실어본다.

염포초등학교 6-1 학생들

우리 반의 다섯 번째 프로젝트 수업이 시작되었다. 프로젝트 수업의 제목은 '#세계시민챌린지'이다.

약 한 달 동안 이 프로젝트 수업을 하며 인종, 쓰레기, 환경 등 많은 지구촌 문제를 알게 되었다. 프로젝트 수업은 지구촌 문제들을 조사하고, 어떻게 하면 우리가 이것을 해결하기 위해 노력할 수 있을까를 배우는 수업이었다. 프로젝트의 제목인 '#세계시민챌린지'가 큰 호기심을 불러일으켰다. 그래서 이 수업에 더욱 집중하여 참여할 수 있었고, 세계의 문제들에 더욱더 관심이 커졌다.

처음 우리는 지구촌 문제들을 많이 조사하였다. 미국에서 흑인 인종차별과 세계 여러 나라에서 버린 쓰레기들이 모여 생긴 쓰레기 섬이 한반도의 3배라는 기사 등 많은 기사를 보며 이 문제들이 장난이 아닌 실제 일이라는 것을 실감할 수 있었다. 지구촌에 있는 문제들에 관심이 커져 집에서도 여러 기사를 찾아보았다.

우리는 이 문제들을 해결하기 위한 개인, 국가, 국제기구, 비정부 기구도 배웠다. 우리가 직접 비정부 기구를 만들어보기도 하였다. 우리도 지구촌 문제를 해결하고 싶다고 생각하였다. 그래서 학교에서 나와 생각이 같은 친구들과 함께 챌린지 영상을 제작하였다. 그리고 그 영상들을 세계의 모든 사람이 볼 수 있도록 SNS에 올렸다.

영상을 올릴 때 '#세계시민챌린지'라는 해시태그를 달아 우리의 챌린지가 더욱 사람들에게 알려지도록 노력했다. 직접 홍보 포스터를 만들어 홍보하는 방법도 있지만 SNS가 누군가에게 보여질 확률도 높고, 세계시민 의식을 기르는데 더 적합하다고 생각하여 SNS에 올리게 되었다. 아직 올린 지 얼마 되지 않았지만 만약 이 챌린지가 유명해져서 전 세계 사람들이 알게 된다면 쓰레기, 인종차별 등 많은 문제가 해결되리라 생각했다. 또한 챌린지를 언제 어디서나 누구나 다 같이 함께 할 수 있도록 쉽게 만들어 남녀노소 모두가 쉽고 즐겁게 즐길 수 있으면 한다.

챌린지 영상을 올리는 것 외에도 파워포인트를 만들어 다른 반 친구들에게 소개하거나, 부모님과 함께 수업해 부모님들에게 세계시민 챌린지를 알리는 등의 활동도 하고 싶다. 많은 활동을 통하여 세계에 어떤 문제가 있는지, 우리가 지구촌 문제를 해결하기 위해 어떻게 노력하고 있는지 등이 더 많이 알려졌으면 한다. 세계시민 챌린지를 위해 한 달 동안 노력한 보람이 있으면 좋겠다.

외솔초등학교 6-5 학생들

지난 한달동안 사회 프로젝트를 하면서 깨달은 점이 많았다. 그 중 세계시민이 제일 인상깊었는데, 선생님이 교과서 형식으로 수업하시지 않고,자연스레 학생들의 머리에 각인되게 수업을 해주셔서 더욱 이해를 잘 할 수 있었다. 이 활동을 하면서 지구촌 갈등의 종류에 대해 알게되었고, 그 지구촌 갈등을 해결하려 하는 비정부기구와 국제기구의 감사함을 더욱 더 느낄 수 잇었다. 나도 우리가 만들었던 챌린지를 실천하며 지구촌 갈등을 해결하는데 이바지 하도록 노력해야겠다.

지난 한 달 동안 나는 사회 프로젝트 수업을 들었다. 프로젝트 수업을 들으며 깨달은 점을 쓰겠다. 정말 인상 깊었던 것은 아직도 지구촌에 많은 갈등이 일어난다는 것이다. 예를 들어 뭐 러시아,우크라이나 전쟁이나 또는 이스라엘 팔레스타인 전쟁 말이다.더더욱 놀랐던 것은 이렇게 프로젝트 수업을 해도 교과서의 문제가 술술 풀린다는 것이다. 그 점이 놀라웠다. 아 그리고 기회가 된다면 또 이런 프로젝트 수업을 해보고 싶다.

본론으로 들어가기 전에 이 말 부터 하겠다. 나는 10년, 20년이 지나도 6학년일 때가 최고였다고 말할 수 있다. 내 인생에서 손꼽을 1년일 것 이다.

1년 동안 많은 일들이 있었지만 사회 수업은 단언코 최고였다. 그 중 가장 최고였던 내용은 챌린지 만들기에 관한 내용 이었다. 그 이유는 여러 고난들도 있었고, 갈등도 있었지만 결국에는 그 것들을 이겨내고 목표를 달성하였기 때문이다.

2번째로 기억에 남는 내용은 두 마음 토론이다.

그 이유는 서로 다른 의견을 나누고, 지식을 겨루고, 내가 개인적으로 토론을 좋아하기 때문이다.

3번째로 기억에 남는 내용은 국가연합의 비밀 조사하기 이다. 그 이유는 선생님의 연기가 실감나서 집중이 잘 되었고, 힘들었지만 친구들과 조사를 하니 즐거웠다.

분명히 다른 내용들도 있었지만, 기억이 나지 않는 관계로 적지는 않겠(못하겠)다. 그리고 사회 수업을 하던 중에 문득 든 생각이 있었는데, 선생님, 6학년 일때의 나와 친구들과 이별해야하는 날이 다가오고 있다는 것 이다. 그래도 꾸준히 연락하며 다시 만나기를 바란다.

지금까지 약 한달동안 사회프로젝트를 하며 세계시민에 대해배우고 그 안에서 나라간의 갈등,자원,민족,인종,영토,종교 등등 배우고 이것에 대해 발표하고 국제기구와 비정부기구를 찾아 패들랫에 올리고 우리가 직접 세계시민이 되어 챌린지영상을 찍어 퍼트리고 정말 힘들었다.

하지만,우리가 지금까지 쭉 해온걸 패들랫에 정리한걸 천천히 보니 참 감명깊었고, 뿌듯함이 느껴졌다.

우리가 지금까지 배운게 교과서100쪽분량이란게 놀라웠다 어쩐지 교과서를 풀었을 때,막힘없이 풀어져서 신기했다.

내가 배운 세계시민에 대한 것을 꼭 기억하며 세계시민이라는 자신감을 가지고 살아가겠다.

-10번 세계시민 김근우-

이번에 프로젝트를 하면서 매우 많이 알게되었다. 5학년때 프로젝트를 처음 접하고 프로젝트 수업을 하게 되었다. 프로젝트 수업의 특징중 하나는 주입식 교육처럼 힘들게 외울 필요가 없고 프로젝트 수업에 참여하기만 해도 외울수 있게 되었다.   이번에 사회프로젝트에서는 지구촌의 갈등에 대해서 공부해 보았다. 지구촌의 갈등에 공부하는 게 주입식 교육이었더라면 강제적으로는 지구촌 갈등에는 민족, 영토갈등,자원..... 외우라고 했었겠지만 프로젝트로는 자신이 자료를 찾고 ppt를 만들면서 자동적으로 외워지게 되었다.이런 ppt도 만들어보고 챌린지영상도 찍어보면서 더 잘알게 되었다. 나도 지구촌의 갈등을 줄이기 위해 노력해야겠다.

사회를 교과서로 했다면 이해가 잘 안되고 재미가 좀 없었을텐데 프로젝트로 하니까 이해도 잘되고 재미있어서 사회 수업을 열심히 참여 할 수 있었다.

지구촌의 문제들을 자세히는 잘 몰랐는데 이번 수업을 계기로 더 자세히 알게 되었고 깨달았다.

세계시민에 대해 배웠는데 세계시민은 다른 나라여도 관심을 기울이는 것이라고 생각한다.

이 프로젝트를 하면서 국제기구, 비정부기구를 알아보는 시간이 있었다. 몇몇 국제기구, 비정부기구를 알고 있었는데 다른 기구들은 잘 몰랐었다. 하지만 친구들이 조사한 기구들을 보며 많은 기구들이 있는걸 알고 자세히 알게 되어 좋았다.

사회 프로젝트를 아이스크림이나 교과서로 했으면 재미가 별로 없었을텐데 프로젝트를 하면서 사례나 기사도 찾고ppt도 만들어서 발표하고 토론도 하면서 세계시민 챌린지도 하고 국제기구랑 비정부기구를 알아보는등 그런 프로젝트들이 정말 좋았다.그중 국제기구중에서 IMF가 국제기구인줄을 처음알았고 우리나라도 IMF에 가입 되어있다는 것을 알았다.프로젝트를 하면서 이런 프로젝트나 했던거를 다시는 못할수도 있을수도 있겠다라는것을 깨달았다.이런것들을 더 했으면 좋겠다.

외솔초 6-5 프로젝트 결과물 총정리(Padlet)

'우리의 프로젝트 수업이 아이들의 삶에 영향을 미쳤구나' 안도감이 생겼다. 아이들은 한 명의 세계시민으로 이 세계를 살아갈 것이다. 지구촌 문제에 관심을 가지고 적극적으로 해결하고자 실천하는 올바른 세계시민으로 성장하길 기대한다.

프로젝트 수업을 마무리하며 여러 생각들이 교차 되었을 것 같아요. 어떤 생각들이 들었나요?

 수석쌤

챌린지 영상을 완성하고 시사회를 열었어요. 자신들의 영상이 상영될 때 아이들은 상기되어 있었어요. 실수나 어색한 연기를 할 때면 모두 함께 웃었어요. 평가라고 하지만 비난을 하거나 비하의 말은 없었고, 학습의 내용에 대한 사실적인 이야기를 나눴어요. 아이들은 이제 객관적으로 산출물을 평가하는 데 익숙해져 갔고, 프로젝트 수업과 함께 무럭무럭 자라고 있었어요.

저는 반별로 2개의 프로젝트 수업을 진행해 왔고, 학기별로 3반씩 수업을 해서 한 학기에 6개의 프로젝트 수업을 운영했어요. 일 년이면 12개에 달했는데 같은 프로젝트 수업을 진행한다고 해도 다 다른 학급별 특성을 반영하며 진행하기가 결코 쉽지 않더군요. 그런데 이번 프로젝트 수업은 다른 학교와 함께 계획하고 진행하다 보니 서로 의지도 되고 고민도 나누며 난이도가 경감되는 것을 느꼈어요. 무엇보다 함께하는 연대 의식이 좋았어요. '빨리 가려면 혼자 가고 멀리 가려면 함께 가라'는 격언처럼 우리는 서로 연결되어 있음을 순간순간 확인하면서 힘을 얻었어요. 우리는 절대로 소진되지 않을 거예요.

 초이쌤

프로젝트 수업은 저에게도 참 의미가 깊어요. 그동안 프로젝트 수업을 구상하고 실행하는 것에는 어느 정도 자신이 있었지만, 평가는 저에게 항상 큰 숙제였어요. 이번 프로젝트 수업은 세 명의 선생님이 함께 고민하는 과정을 통해 그 갈증이 조금은 해소된 것 같아요.

탄탄한 평가 계획이 있으니 수업의 흐름도 더 자연스럽고, 무엇에 초점을 두고 프로젝트 수업을 진행해야 하는지 나침반을 가지고 항해를 하는 느낌이 들었어요. 막연히 잘 진행되겠지가 아닌, 이렇게 하면 아이들이 수업의 목표를 달성할 수 있겠다는 확신이 들었죠. 이 연구와 배움을 통해 앞으로는 더 잘해볼 수 있을 것이라는 저만의 나침반도 생긴 느낌이고요.

'고민하고 연구하여 실천하는 교사들의 모임'이라는 뜻의 '교실연고' 회원이 되어서 함께 고민하고 연구하며 실천할 수 있음에 참 감사한 마음이 들었답니다.

 기백쌤

프로젝트 수업이나 모둠 활동을 하면 항상 '갈등'이 발생합니다. 그래서 많은 선생님이 때로는 개별 활동을 선호하거나, 성향에 따라 모둠을 구성하여 충돌을 최소화하려고 합니다. 그러나 저는 의도적으로 서로 다른 성향의 아이들 즉, 이질 집단으로 모둠을 구성했어요. 챌린지 영상을 만드는 과정에서 갈등에 직면하고 이를 회피하지 않길 바랐기 때문이에요. 세계 시민의 의미가 결국 갈등을 대처하는 태도를 배우는 것인데, 아이들이 모둠 내의 갈등과 감정을 조절하는 방법을 경험으로 터득하지 못한다면 무슨 소용이 있을까 싶었어요. 이번 챌린지 영상을 기획하고 촬영하면서도 모둠 내 의견 충돌이 보일 때마다 '사람들 사이의 갈등은 당연하고 자연스러운 거야.', '챌린지 영상을 찍는 건 단순히 사회 교과를 배우는 것을 넘어 교과서에는 없는 갈등 해결의 방법을 경험으로 배우고 있는 거야.'를 계속 이야기했어요. 이러한 소통 덕분인지, 학부모님들은 방과 후 아이들의 모임과 아이들의 의견 갈등에도 묵묵히 응원해주었고 아이들은 수업의 목표를 생각하며 서로 양보하고 배려하며 지혜롭게 해결했어요. 그리고 끝내 멋진 챌린지 영상들이 나왔습니다!

저는 챌린지 영상의 결과물보다 아이들이 경험한 관계의 대처 방법이 더 중요한 지식이자 배움이라 생각해요. 그리고 이러한 수업은 교육 공동체 간의 신뢰와 믿음이 없다면 불가능하다는 것을 더욱 절실히 깨달았어요.

수송 수단 연구소 대탈출 수업 만들기-계획

진숙쌤, 수진쌤이 모여 5학년 프로젝트를 구상했다. 5학년 과학의 속력 단원과 실과의 수송 수단 단원을 살펴보며 자연스럽게 연계하여 수업 하면 좋겠다는 생각이 들었다. 대강의 아이디어는 떠올랐지만 이를 어떻게 수업으로 구체화하고 수업 흐름을 잡을지 고민하는 데는 꽤 오랜 시간이 필요했다. 아이들에게도 교사에게도 새로운 수업으로 다가가고 싶은 욕심이 생겨서인지, 쉽게 계획을 짤 수 없었다.

스토리텔링으로 수업 구상하기

수업 계획 단계에서는 아이들의 학습 욕구를 불러일으키는 탐구 질문을 설정하는 데 가장 많은 시간을 쏟았다. 제대로 된 탐구 질문만 선정해도 그 뒤의 수업 계획은 수월해진다. 단순히 수송 수단과 속력을 연결하여 수업하는 것은 간단하다. 하지만, 이를 삶과 연결하며 학습 동기까지 일으켜야 했다. 삶과 연계시킬 수업 아이디어가 잘 떠오르지 않았다. 과학 지도서와 실과 지도서를 펴보기도 했다. 그래도 마땅한 아이디어가 떠오르지 않아 각자 인터넷 검색을 해보았다. 도무지 좋은 아이디어가 떠오르지 않을 때는 생각을 좀 덜어내고 가볍게 인터넷 서핑을 하는 것이 꽤 도움이 된다.

'수송과 속력'에 관한 키워드를 포털 사이트 이곳저곳에 쳐보았다. 알고리즘은 우리를 예상치 못한 곳까지 데려다주기 때문에 뜻밖의 수확을 거둘 수 있다. 그렇게 이것저것 살펴보다가 우연히 '대탈출'이라는 예능 프로그램을 발견했다. 타임머신을 타고 시간을 이동하며 연구소 안에서 탈출하는 이야기였다.

"우리 이 이야기를 수송 수단 프로젝트에 가져오면 어떨까요?"

"수송 수단을 연구하는 신수송 박사의 연구소, 2090년 신수송 박사는 수송 수단을 연구하다 타임머신을 타고 2023년으로 오게 된다. 그거 좋네요!"

우린 서로 아이디어를 더하며 스토리텔링을 완성했다. 2023년에 떨어진 신수송 박사가 다시 2090년으로 돌아가려면 암호 코드를 풀어야 한다. 암호 코드는 수송 수단을 연구해야만 얻을 수 있다. 혼자 연구하기엔 역부족이므로 수송 수단 연구소에 연구원들을 모집해야 한다. 연구원들과 함께 수송 수단에 관해 연구한 뒤 2090년으로 돌아간다.

스토리텔링을 담아 대탈출 프로그램 영상을 편집하여 동기유발 자료로 활용하기로 했다.

"아이들에게 신수송 박사를 돕기 위해 수송 수단 연구소에 들어가겠는지 물어보며 탐구 질문을 정하고, 수업을 시작해 봐요."

아이들이 신수송 박사의 제안을 받아들이면 프로젝트 수업이 시작된다. 연구소를 탈출하기 위해서는 같은 거리와 시간을 이동한 물체의 빠르기를 비교할 수 있어야 하고, 미래의 수송 수단을 설계하는 미션을 해결해야 한다. 어찌 보면 유치할 수도 있는 스토리지만, 아이들은 충분히 눈을 반짝이며 흥미를 느낄 것 같다는 생각이 들었다.

수송 수단 연구소 대탈출 프로젝트를 계획할 때 중점을 둔 부분은 무엇인가요?

 수진쌤

수송 수단과 속력 단원을 연계한 프로젝트는 여러 번 시도했던 경험이 있던 터라 이번에는 다르게 해보고 싶다는 욕심이 생겼어요. 욕심이 클수록 수업 계획은 잘 풀리지 않더라고요. 이럴 때는 조금 마음을 비우고 여러 자료를 살펴봐요.

수업을 염두에 두고 주변을 살피던 차에 대탈출이라는 예능 프로그램에서 번쩍 아이디어를 얻었어요. 예능 프로그램의 스토리텔링을 프로젝트 수업 흐름과 잘 연결하면 학생들의 몰입도를 높일 수 있을 거라 생각했어요. 프로젝트 마무리 단계까지 잘 짜여진 스토리텔링으로 학생들이 학습 흥미를 놓지 않기를 바라며 프로젝트 수업을 계획했어요.

 진숙쌤

교과서를 유일한 자료로, 교과서에 제시된 목차에서 벗어나지 않는 예상 가능한 형태로 배우는 것에 안정감을 느끼는 고학년 아이들조차 즐겁게 수업할 수 있는 예상 가능하면서도 즐거움을 잃지 않는 수업을 계획하고 싶었어요. 고민 끝에 지식 위주의 내용이 강해서 아이들이 가장 힘들어하는 과학 교과의 '속력' 부분과 실과에서 이론적 내용이 많이 포함되어 있어 아이들이 가장 지루해 할만한 '수송 수단'을 융합해 탐구의 재미를 끝까지 유지하면서 관련된 역량을 확장할 수 있도록 수업을 계획했습니다. 교과서를 활용해 이론적 수업을 해나가되 '수송 수단 발표회'로 수업 결과물에 변화를 주어 학생들의 탐구역량과 흥미를 높였어요.

수송 수단 연구소 대탈출 프로젝트 수업 설계

수업 활동 계획하기

우리는 신수송 박사의 연구소에서 연구원을 모집하는 과제부터 시작하기로 했다. 첫 번째 과제는 아이들이 직접 장난감 자동차를 만들고, 더 빨리, 더 멀리 갈 수 있는 수송 수단을 구상하는 것으로 정했다. 아이들이 장난감 자동차를 만들면서 더 나은 수송 수단을 만들기 위해 아이디어를 모을 수 있을 것으로 생각했다.

연구원의 첫 번째 과제에서는 전 차시에서 만든 자동차를 활용하여 같은 거리 또는 같은 시간 동안 이동한 물체의 빠르기를 비교하기로 했다. 아이들이 자신이 만든 자동차를 시험하면서 속도에 대한 이해를 깊게 할 수 있도록 계획했다.

이어지는 두 번째 과제는 수송 수단의 빠르기를 비교하는 것으로 정했다. 아이들이 속력을 구하는 방법을 배우고, 여러 수송 수단의 속력을 조사하는 개인 활동을 통해 다양한 수송 수단에 대해 배울 수 있도록 했다.

연구원 세 번째 과제로는 수송 수단의 안전장치를 조사하기로 했다. 패들렛을 활용하여 발표 자료를 만들고, 서로 '좋아요'와 댓글을 남기며 동료 피드백을 주고받도록 계획했다. 이 과정에서 아이들이 서로 조사한 내용을 공유하도록 했다.

마지막으로, 신수송 수단 발표회를 열기로 했다. 아이들은 자신이 설계한 신수송 수단을 발표하고, 다른 친구의 발표를 들으며 상호 평가한다. 프로젝트 수업이 끝난 후에는 성찰의 시간을 가지기로 했다.

프로젝트 수업의 가장 중요한 부분 중 하나인 과정 중심평가를 어떻게 할지도 함께 계획했다. 프로젝트 수업 시작과 함께 연구원으로 참여한 아이들에게 수송 수단 연구소를 탈출하기 위한 암호 코드를 제시할 생각이었다. 이 암호 코드는 곧 평가 개인 기록지와 같다. 연구 과제를 하나씩 수행하면서 평가가 이루어질 수 있도록 하기 위함이었다. 아이들이 첫 번째 과제를 수행할 때 자동차의 속도를 측정해보며 '같은 거리를 이동한 물체의 빠르기 비교하기(지식·이해)'를 평가하고, '신수송 수단을 설계할 때 수송 수단의 기본 요소를 포함하여 친환경적이고 안전한 수송 수단 설계하기(과정·기능)'를 평가하고, 마지막으로 '미래의 수송 수단 발표회를 하며 아이디어를 적극적으로 제안하고 다른 사람의 발표를 경청하는지(가치·태도)'를 평가하기로 계획했다.

'수송수단 연구소 대탈출' 프로젝트 수업 차시 계획

프로 젝트명	수송 수단 연구소 대탈출
성취 기준	[6과07-01] 일상생활에서 물체의 운동을 관찰하여 속력을 정성적으로 비교할 수 있다. [6과07-02] 물체의 이동 거리와 걸린 시간을 조사하여 속력을 구할 수 있다. [6과07-03] 일상생활에서 속력과 관련된 안전 사항과 안전장치의 예를 찾아 발표할 수 있다.
탐구 질문	우리가 수송 수단 연구소의 연구원이 되어 어떻게 신수송 수단을 만들어 연구소를 탈출할 수 있을까?

차시	수업 내용	평가 요소
1~2 차시	[연구원 모집 제출 과제: 신수송 박사를 이동시킬 자동차 만들기] - 장난감 자동차 만들기 - 더 빨리, 더 멀리 갈 수 있는 수송 수단을 만들어라!	
3~4 차시	[연구원 과제 1. 같은 거리, 같은 시간 동안 이동한 물체의 빠르기 비교하기] - 전 차시에서 만든 자동차를 활용하여 물체의 빠르기 비교하기	[지식·이해] 같은 거리를 이동한 물체의 빠르기 비교하기
5~6 차시	[연구원 과제 2. 여러 수송 수단의 빠르기 비교하기] - 속력 구하는 방법 알기 - 여러 수송 수단의 속력 조사하기(개인 활동)	
7~8 차시	[연구원 과제 3. 수송 수단의 안전장치 조사하기] - 패들렛을 활용한 발표 자료 만들기 - 좋아요, 댓글 등 동료 피드백 남기기	
9~10 차시	[신수송 수단 발표회 준비하기] - 미래의 수송 수단을 설계하고 발표 준비하기 - 신수송 수단 설계 평가 요소 확인하기	[과정·기능] 미래의 수송 수단 설계하기 [가치·태도] 미래의 수송 수단 발표회 하기
11~12 차시	[신수송 수단 발표회] - 신수송 수단 발표를 듣고 평가하기	
13차시	프로젝트 수업 성찰하기	

평가 계획하기

수업 내용과 평가 요소를 정한 뒤에는 세부 평가 계획을 세웠다. 우리가 이 프로젝트 수업에서 다루는 성취기준이 세 가지였으므로, 이 세 가지 성취기준을 하나로 재구성하여 평가를 위한 '평가 준거 성취기준'을 따로 만들었다. 평가 준거 성취기준을 '운동하는 물체의 빠르기 비교를 통해서 수송 수단의 기본 요소를 이해하고 미래의 수송 수단을 제작하여 발표한다.'라고 정하고, 상, 중, 하, 세 단계 성취 수준을 나누었다.

그리고 각 평가 요소별로 배점을 달리하여, 지식·이해 영역에 40%, 과정·기능 영역에 40%, 가치·태도 영역에 20%를 부여하였다. 또, 평가 요소별로 채점 기준을 정하고 평가 척도를 설정했다.

지식·이해 영역에서는 물체의 운동을 측정하여 자동차의 빠르기를 이동 거리와 시간과 관련지어 설명할 수 있는지, 과정·기능 영역에서는 수송 수단의 기본 요소(구동장치, 조향장치, 제동장치)를 포함하고, 친환경적이고 안전한 수송 수단을 설계할 수 있는지, 가치·태도 영역에서는 미래의 수송 수단 발표할 때 아이디어를 적극적으로 제안하고 친구들의 의견을 경청하는 태도를 갖추고 있는지 평가하기로 했다.

과제명	미래의 수송수단 발표회
성취 기준	[6과07-01] 일상생활에서 물체의 운동을 관찰하여 속력을 정성적으로 비교할 수 있다. [6과07-02] 물체의 이동 거리와 걸린 시간을 조사하여 속력을 구할 수 있다. [6과07-03] 일상생활에서 속력과 관련된 안전 사항과 안전장치의 예를 찾아 발표할 수 있다.

	[평가준거 성취기준] 운동하는 물체의 빠르기 비교를 통해서 수송 수단의 기본 요소를 이해하고 미래의 수송 수단을 제작하여 발표한다.		
	상	중	하
성취 수준	같은 거리를 이동한 물체의 빠르기 비교 분석을 통해 수송 수단의 원리를 탐구하여 친환경적인 미래의 수송 수단을 설계하고 발표한다.	같은 거리를 이동한 물체의 빠르기 비교를 통해 수송 수단의 요소를 이해하고 미래의 수송 수단을 설계하고 발표한다.	같은 거리를 이동한 물체의 빠르기 비교를 통해 수송 수단의 요소를 이해한다.

평가 요소	채점 기준	평가 척도
같은 거리를 이동한 물체 의 빠르기 비 교하기 (40%) [지식·이해]	물체의 운동을 측정하여 같은 시간과 거리를 이동한 빠르기를 비교하여 수직선으로 나타내고 자동차의 빠르기를 이동거리와 시간과 관련지어 설명한다.	40
	물체의 운동을 측정하여 같은 시간과 거리를 이동한 빠르기를 비교하여 수직선으로 나타내지 못하지만 자동차의 빠르기를 이동거리나 시간과 관련지어 설명한다.	30
	물체의 운동을 측정하여 같은 시간과 거리를 이동한 빠르기를 비교하여 수직선으로 나타내지 못하고 자동차의 빠르기를 이동거리와 시간과 관련지어 설명하지 못한다.	20
	수송 수단의 기본 요소(구동·조향·제동장치) 중 한 가지 이상이 포함되어 있으며 속도를 줄여줄 수 있는 안전장치를 포함한 친환경적인 수송 수단을 설계한다.	40

미래의 수송 수단 설계하기(40%) [과정·기능]	수송 수단의 기본 요소(구동장치, 조향장치, 제동장치)중 한 가지 이상이 포함되어 있으나 안전장치나 친환경적인 부분이 설계에 반영되지 않았다.	30
	수송수단의 기본 요소는 알 수 있으나 이를 설계한 수송수단에 반영하지 못했으며 안전장치나 친환경적인 부분도 나타나 있지 않다.	20
미래의 수송 수단 발표회 하기(20%) [가치·태도]	미래의 수송 수단 발표회 과정에서 자신의 아이디어를 적극적으로 제안하고 친구들의 의견을 경청하며 모둠원과 협력해 작품을 만든다.	20
	미래의 수송 수단 발표회 과정에서 자신의 아이디어를 제안하나 친구들의 의견을 경청하고 모둠원들과 협력하는 태도가 부족하다.	15
	미래의 수송 수단 발표회 과정에서 자신의 아이디어를 제안하나 친구들의 의견을 경청하지 않으며 모둠원들과 협력하지 않는다.	10

평가 결과	상	중	하
	80점 이상	60점 이상 ~80점 미만	60점 미만

수송 수단 연구소 대탈출 프로젝트의 평가에서 중요하게 생각한 것은 무엇인가요?

 수진쌤

학생들에게 평가 요소와 채점 기준을 사전에 자세히 설명하자 수업 활동에 대한 이해도와 몰입도가 높아졌습니다. 학생들이 평가 기준을 이해하지 못한 상태에서 평가를 진행하면 교사의 피드백이 평가 요소 충족에만 집중되는 경향이 있어요. 이번 프로젝트 수업에서는 학생들이 평가 요소를 잘 이해하여 학생 모두가 평가 요소를 충족했어요. 그 결과, 교사는 산출물을 발전시키기 위한 다양한 피드백을 제공할 수 있었어요. 프로젝트 수업을 통해 교사와 학생 모두 평가에 대한 충분한 이해가 필요하다고 느꼈어요.

 진숙쌤

수송 수단 연구소 대탈출 프로젝트를 통해 미래를 시제로 하여 현재의 수송 수단을 배우고 미래로 확장하는 과정을 자연스럽게 진행하려 했어요. 타임머신을 타고 미래에서 현재로 돌아와 다시 미래로 보내는 설정은 학생들의 흥미를 유발했죠.

수행평가에는 미래 수송 수단 설계시 과학 지식, 안전장치, 친환경 요소 등을 포함해 지식적인 면도 평가했어요. 프로젝트 수업을 시작하며 성취 기준과 평가 요소를 첫 시간에 제시했어요. 학생들이 수업을 하며 평가를 당하는 수동적 입장이 아니라 평가를 염두에 두고 스스로 수업에 임하는 능동적 입장이길 기대했어요. 또한 신수송 수단 발표회 준비 과정에서 모둠별 협력을 이끌어 내는 의사소통 역량도 평가에 포함하여 아이들에게 프로젝트 수업 전 과정에 걸쳐 협력과 경청의 중요성을 강조했어요.

수송 수단 연구소 대탈출 프로젝트 수업하기-실행

수송 수단 연구소 대탈출 프로젝트 시작

한 학기 동안 여러 프로젝트 수업을 거치며 아이들의 역량이 성장했다. 아이들은 불과 한 학기 만에 4학년 티를 벗고 모둠 토의를 하고 토의 결과로 발표 자료를 만들고 자연스럽게 발표할 수 있는 고학년의 면모를 갖추게 되었다. 2학기 들어 시작할 프로젝트 수업에서는 그동안 성장한 아이들의 역량이 충분히 발휘될 수 있도록 설계하자고 의견을 모았다. 2학기는 1학기보다 수업일수가 적고 여러 행사가 몰려있는 경향이 있다. 수진쌤과 조언을 주신 수석쌤과 고심 끝에 수업의 방향을 정할 수 있었다.

학생의 흥미와 관심이 가장 덜한 교과와 내용을 선정해 재미있는 프로젝트 수업을 구성하자고 의견을 모았다. 아이들의 역량을 최대한 이끌어 내면서도 흥미를 느끼고 참여할 수 있는 프로젝트 수업을 고심했다. 학예회 등 크고 작은 행사를 이끌어야 하는 교사의 입장을 고려해 교과의 재구성을 최소화했다. 너무 긴 시간을 요구하는 프로젝트 수업을 지양하고 주어진 수업 시수를 활용해 수업의 시작과 끝을 함께하기 쉬운, 집밥과 같은 수업을 하고자 했다.

과학 단원에서 다루어지는 물체의 속력 단원은 빠르기라는 추상적인 개념을 속력이라는 구체적인 개념으로 표현하는 단원이다. 이 단원에는 운동이나 안전장치, 교통 수칙 등 여러 개념이 등장하지만, 자칫 속력을 구하는 것에만 집중되는 이론 중심 수업이 되기 쉽다. '수송 수단 연구소 대탈출' 프로젝트 수업을 통해 속력에 대한 이해를 바탕으로 실과의 수송 수단 단원과 연계하여 미래의 수송 수단을 설계해 보고 미래의 수송 수단 발표회를 계획했다.

이 수업을 통해 아이들은 속력이 동떨어진 하나의 개념이 아니라 안전장치, 수송 수단의 기본 요소, 교통안전 수칙, 수송 수단의 설계에 녹아들어야 하는 기본 개념임을 알게 된다. 또한 수송 수단 발표회 준비 과정에서 모둠원과 협력하며 공동체 역량을, 자신의 의견을 말하고 타인의 의견을 경청하며 서로의 생각을 조정하는 과정에서 협력적 소통 역량을 함양하고자 했다.

수송 수단 연구소 대탈출 프로젝트 수업을 통해 아이들은 어떤 반짝이는 아이디어와 생각지 못한 모습으로 놀라게 할지 기대감이 들었다.

수송 수단 연구소 대탈출 프로젝트 수업을 시작한 아이들의 반응은 어떠했나요?

 수진쌤

미래에서 온 신수송 박사를 수송 수단 연구소에서 탈출시켜야 한다는 스토리텔링을 아이들이 흥미롭게 받아들이지 않을까 봐 걱정이 많았어요. 고학년 학생들에게 스토리텔링은 자칫하면 유치하다는 반응이 나올 수 있으니까요. 다행히 아이들은 대탈출이라는 예능 프로그램에 대한 흥미가 있어 자연스럽게 프로젝트 수업에 녹아드는 모습을 보였어요. 신수송 박사를 도와 연구원이 되겠냐고 물었을 때 초롱초롱한 눈빛으로 '네!'라고 대답하는 아이들 모습이 기억에 남아요. 특히 미래의 신수송 수단을 구상하고 발표하는 마지막 과제에서는 학생들 모두 열정적으로 아이디어를 내는 모습을 보였어요.

 진숙쌤

과학 시간을 맞는 아이들의 태도는 다소 극단적이에요. '물체의 운동'이라는 단원명을 확인하자마자 아이들은 깊은 시름에 빠져들었죠.

큰 기대 없이 책을 펼친 프로젝트 수업 첫 시간, '신수송 박사'가 소개된 순간부터 아이들의 눈빛이 반짝반짝 빛나기 시작했어요. 아이들의 눈빛에서 수업에 대한 내적 동기가 충분히 부여되었음을 느꼈어요. 게다가 우리 학교를 넘어 울산 어딘가에서 같은 프로젝트로 공부하는 친구들과 마지막 시간에 신수송 수단 발표회를 함께 한다고 말했을 때 아이들의 관심과 흥미는 최고조에 달했었죠. "그 학교는 어디에 있어요?", "우리는 뭐부터 해야 하나요?", "그 학교 아이들보다 잘하고 싶어요." 많은 이야기들이 터져 나왔어요. 첫 시간, 이런 반응이라면 앞으로 해 나갈 수업에 대한 충분한 동기부여가 된 것 같아요. 아이들의 실망이 기대로 바뀌는 이 순간, 교사인 저도 덩달아 수업이 기대되기 시작했답니다.

수송 수단 연구소 대탈출 프로젝트
신수송 박사를 탈출시켜라

과학 시간, 기대 없이 수업을 맞이한 아이들에게 2090년 미래에서 타임머신을 타고 날아 온 신수송 박사 이야기를 꺼냈다. 의문의 연구실에서 출발해 신수송 수단을 연구하다 타임머신을 타고 2023년으로 불시착한 신수송 박사를 소개했다.

"2090년이라고요?"

미래의 수송 수단은?

신수송박사팀 연구원이 되다

신수송박사팀 연구원 과제

　아이들의 눈이 커졌다. 신수송 박사는 2090년으로 돌아가기 위해 다시 신수송 연구소를 만들고 연구원을 모집한다.

　"우리가 연구원이 되어 신수송 박사가 돌아갈 미래 수송 수단을 만들어보자."

　이 말에 아이들의 눈이 기대감으로 반짝였다.

　수송 수단의 개념을 실과의 성취기준[2]과 연계해 수송 수단의 의미와 기본 요소를 설명했다. 신수송 박사의 탈출을 돕겠다는 의지를 가지고 진지하게 수업을 듣는 아이들을 보니 수업 분위기의 중요한 요소 중 하

2) [6실04-04] 수송과 수송 수단의 의미를 알고, 수송 수단의 기본요소를 설명한다.

나가 아이들의 내적 동기였음을 새삼 느끼게 되었다. 수송 수단의 기본 요소인 구동장치, 조향장치, 제동장치를 포함한 연구원 모집 과제에 참여했다.

"다른 학교 5학년은 어떤 생각을 하고 있을까?"

이런 질문을 던지며 수진쌤 학급 아이들의 작품을 보여주니 아이들의 관심도가 폭발했다. 어딘가에 같은 목표를 가진 친구들이 함께 공부하고 있다는 사실만으로 아이들은 학습 의욕이 높아졌고 또래 친구들과 선의의 경쟁을 할 준비가 되어 있었다. 앞으로의 수업에 기대감이 차올랐다.

연구원 과제를 해결하라

신수송 박사를 이동시킬 자동차를 제작한 뒤, 자동차를 이용해 같은 거리를 이동한 물체의 빠르기와 같은 시간 동안 이동한 물체의 빠르기를 비교해 보고 거리와 시간을 측정해 수직선에 나타내보는 활동을 연구원 과제로 제시했다. 측정 결과를 바탕으로 속력을 구하는 방법을 알아보고 직접 속력을 구해보았다. 이 차시에서 같은 거리를 이동한 물체의 빠르기를 걸린 시간 또는 이동 거리와 관련지어 설명할 수 있는가에 대한 수행평가도 이루어졌다. 아이들은 자신이 만든 자동차의 속력을 높이기 위해 자신의 자동차에 이런저런 변형을 주면서 속도를 높이려고 시도했다. 아이들이 나름의 가설을 세우며 이것저것 시도하는 모습은 이미 연구원의 모습 그 자체였다.

여러 수송 수단의 속력을 조사하는 활동을 통해 일상에서 속력의 개념이 광범위하게 활용되고 있다는 것을 알 수 있도록 하였다. 캔바의 그래프 기능을 활용해 여러 수송 수단을 유목화하여 속력을 조사하고 나타내는 활동을 통해 속력을 직관적으로 조사하였다.

　속력과 관련된 교통안전 수칙과 안전장치를 조사해 패들렛에 올리는 활동을 했다. 친구들의 작품을 보고 '좋아요'와 댓글로 피드백을 남겼다. 이 활동을 통해 내가 조사한 사례뿐 아니라 다양한 사례를 접해 시야를 넓히고 친구들의 결과물에 댓글을 적는 과정에서 디지털 에티켓을 지킬 수 있도록 지도하였다. 마지막 차시에 신수송 수단 발표회를 진행하며 다른 학교의 친구들에게 댓글을 다는 활동이 계획되어 있어 잘된 점을 칭찬하면서도 상대방의 기분이 상하지 않게 나의 의견을 표현하는 의사소통 능력까지 지도 범위를 넓혔다.

신수송 박사를 이동시킬 자동차 만들기

여러 교통수단의 빠르기 비교하기

안전장치와 안전 수칙 조사하기

신수송 수단 발표회 준비하기

미래의 수송 수단을 살펴봤다. 태양열 등 미래형 친환경 연료를 사용하는 수송 수단, 운행 범위를 하늘로 확장한 자동차, 속도에 특장점을 지닌 수송 수단, 모양과 이동 방법이 특이한 운송 수단 등을 살펴보며 아이들 사고를 확장 시켰다. 말로 듣거나 상상한 것보다 직접 눈으로 살펴보며 생각보다 다양한 미래의 수송 수단 연구가 이루어지고 있다는 사실에 아이들은 놀라워했다. 교과서 속에 존재하던 속력이나 수송 수단이라는 지식이 미래의 수송 수단으로 확장되는 순간이었다.

프로젝트 수업의 모둠을 구성하고 발표회를 하기 전, 과정 중심평가 기준안을 제시해 평가 내용과 방법, 평가 요소와 기준에 관해 자세히 안내했다. 아이들이 수업을 준비하는 과정에서 방향성을 잃지 않고 발표회를 준비하도록 하기 위한 장치였다.

프로젝트의 모둠 구성은 디자인 및 설계, 발표, 발표 자료 제작, 총괄 팀장 4분야에 대한 희망 조사를 받아 4분야의 팀장이 골고루 배치되도록 교사가 조직하였다. 설계도에 포함되어야 할 요소는 다음과 같다.

①수송 수단의 기본 요소가 포함되었는가?
②안전장치가 있는가?
③친환경적인 수송 수단인가?

모둠별로 토의를 통해 신수송 수단의 디자인과 특징, 연료, 중점을 둔 수송 수단의 기본 요소 등을 결정하고 발표 자료를 만들었다. 발표 자료는 캔바를 사용하였고 결과를 패들렛에 게시해 공유했다. 학교별로 패들렛에 신수송 수단의 사진을 게시하고 발표 자료도 공유하였다.

프로젝트 발표 자료

프로젝트 발표 모습

수송 수단 연구소 대탈출 프로젝트 수업 속 아이들의 모습은
어떠했나요?

 수진쌤

이번 프로젝트 수업의 특별한 점 중 하나는 무거초 5학년 학생들과 함께
진행했다는 점이에요. 두 학급이 같은 프로젝트 수업을 하고 학습 과정과
결과를 모두 공유했죠. 학생들에게도, 저에게도 색다른 시도였어요. 울산
초 학생들은 무거초 학생들의 학습 과정을 살펴보며 학습 동기가 생겼어
요. 무거초 학생들의 학습 결과물에 큰 관심을 가지는 모습이었어요. 무
거초 학생들의 결과물을 보고 적극적으로 피드백을 나누고 자신들의 수
업 결과물에 반영했어요.

진숙쌤

프로젝트 수업이 진행되는 동안 신수송 박사를 원래 있던 미래로 보내기 위해 아이들은 수송 수단에 대한 고민을 진지하게 했어요. 프로젝트 수업 첫 시간에 수업 흐름을 설명하면서 평가 요소와 기준에 대해 공지하고 게시판에 부착했어요. 아이들은 수업이 진행되는 틈틈이 게시판에서 평가 요소와 기준을 확인하며 방향을 잡아가는 모습이었어요. 흐름을 놓쳤던 아이들도 모둠원 중 누군가는 그 부분을 챙기기 때문에 협력 학습으로 진행된 장점을 보았죠.

"선생님, 울산초 아이들의 결과물은 어때요?", "울산초 아이들도 이 부분을 배웠나요?"

아이들은 하루에도 여러 번 울산초 친구들을 궁금해했어요. 선의의 경쟁이란 이런 것일까요? 저절로 동기부여가 되어 더 나은 방향으로 서로를 이끄는 아이들을 보며 웃음이 났어요.

신수송 수단 발표회
발표회를 준비하며

창의성은 단순히 '남다른 생각'이 아니다. 탄탄한 기본지식 위에 쌓아 올린 새로운 생각에 가깝다. 프로젝트 수업을 시작하며 수송 수단에 관해 쌓아 올린 기본 지식을 바탕으로 다양한 디자인과 특징을 가진 미래의 수송 수단들이 만들어졌다. 다양한 분야에서 창의적인 친구들의 수송 수단을 보며 서로 놀라워하던 아이들의 모습이 눈에 선하다. 중간 평가에서도 단순히 '잘 만들었다' 혹은 '멋지다'라는 말 대신 보다 구체적인 어휘를 사용하는 모습을 볼 수 있었다.

"이 수송 수단은 연료가 특별하네."

"이 수송 수단은 디자인이 창의적이야."

"구동장치, 조향장치, 제동장치에 대한 설명이 자세해서 좋아."

아는 만큼 보인다는 말은 이런 경우에 쓰이는 말이 아닐까?

최고의 수송 수단을 뽑아라

드디어 신수송 수단 발표회 날, 아이들은 며칠 전부터 설렘 반 걱정 반 두근거리는 마음으로 발표회 날을 기다렸다. 그동안 해왔던 방식이 아니라 처음 만나는 울산초 친구들에게 줌으로 발표해야 하기 때문이다. 아이들은 청자가 같은 반 친구들일 때 하는 발표와는 다른 진지한 태도로 발표에 임했다. 발표 자료에 유행하는 아이돌 사진을 넣기도 하고 내가 좋아하는 캐릭터를 넣기도 하면서 킥킥거리던, 장난스러운 모습은 찾아볼 수 없었다. '어떻게 하면 친구들이 우리 수송 수단의 좋은 점을 잘 알 수 있을까?', '듣는 친구들의 집중력을 잃지 않고 발표를 마치려면 어떤 방식으로 자료를 구성하고 말해야 할까?', '발표자는 누가 좋을까?' 등 아이들은 발표하는 그 날까지 고민을 거듭하며 철저하게 준비하는 모습을 보였다.

무거초 아이들이 먼저 발표하는 동안 울산초 아이들은 진지하게 발표를 들으며 패들렛에 좋았던 점과 인상 깊은 점을 간략히 적고 최고의 수송 수단에 좋아요 표시를 남겼다. 평소 왁자지껄한 교실의 모습만 보다가 발표를 듣는 울산초 친구들의 진지하고 조용한 모습을 발견한 아이들은 울산초 친구들의 발표에 경청 태도가 달라졌다. 선의의 경쟁심

덕분이었다. 나중에 알고 보니 울산초 아이들도 무거초 아이들의 경청 태도가 좋아서 분발했다고 한다. 줌 영상에 비추어진 상대편의 모습은 배경음이 소거되고 발표자 중심으로 오디오가 설정되어 있기 때문이었다. 서로가 상대편이 조용히 경청을 잘하고 있다고 생각한 동상이몽의 상황이었다고 할까? 우린 나중에 이 사실을 알고 큰 웃음을 터트렸지만, 아이들에게는 비밀로 하기로 했다.

발표가 계속될수록 교실은 어느 자동차 기업의 신차 발표회 부럽지 않은 열기로 가득 찼다. 같은 주제의 다양한 수송 수단을 보며 아이들은 너무 멋지다며 탄성을 질렀다. 자신의 연구 결과를 발표하는 아이들의 모습은 세계 최고의 발표가 스티브 잡스 못지않았다.

수송 수단 연구소 대탈출 발표회를 준비하는 아이들의 모습은 어떠했나요?

 수진쌤

무거초 학생들과 줌을 활용해 발표회를 진행했어요. 우리 반 아이들만 보는 발표에 익숙하던 학생들이 다른 학교 친구들이 함께 보고 평가한다는 이야기에 긴장하는 모습이었어요. 그래서 발표회 준비도 더욱 열심히 하더군요. 인사부터 수송 수단에 대한 설명까지 시키지 않아도 적극적으로 준비하는 모습을 보였어요. 발표회 당일 아이들은 떨리는 목소리로 진지하게 발표했어요. 평소의 장난기는 온데간데없고 준비한 내용을 정확하게 전달하기 위해 노력하는 학생들의 모습을 보며 기특한 마음이 들었어요.

진숙쌤

이번 프로젝트 수업은 교실 속 앎이 아이들의 삶 속에 어떻게 스며드는지 지켜볼 수 있었던 귀한 시간이었어요..

아이들은 수업시간, 쉬는 시간을 가리지 않고 "선생님, 파워포인트 잘 만들려면 어떻게 만들어야 해요?", "발표는 어떻게 해야 잘 들려요?"와 같은 질문을 진지하게 하곤 했어요. 그동안 발표를 한두 번 한 것도 아니고, 발표 자료를 한두 개 만든 것도 아닌데 발표를 앞두고 이렇게나 긴장하다니요! 청중이 다른 학교, 심지어 같은 공부를 하는 친구들이니 더 잘하고 싶은 마음이 커졌겠지요. 질문에 대한 대답을 귀담아듣고 반영하려 노력하는 아이들을 보니 대견했어요.

발표 전날, 울산초 5학년 아이들을 줌으로 처음 만났어요. "와!"하며 신기해하던 모습이 아직도 선합니다. 줌에서는 발표자 이외에는 배경소음으로 처리되어 우리 반의 웅성대는 모습이 울산초에는 전송되지 않았어요. 우리가 본 울산초 아이들은 조용히 경청하는 모습이어서 아이들과 태도에 관한 나름의 반성을 했었는데 울산초에서도 같은 이유로 반성을 했다고 해요. 아이들에게는 비밀로 하였어요. 하얀 거짓말이라고 할까요?

프로젝트 수업을 평가에 반영하기

그동안의 평가는 학습한 후 이루어졌기 때문에 수업을 진행하고 난 후 평가를 하는 것이 자연스러운 흐름이었다. 하지만 이번 프로젝트 수업에서는 활동 전 과정에 걸쳐 평가가 진행되기 때문에 프로젝트 수업을 안내할 때 '평가계획'도 함께 공유하고 평가 기준안을 학급 게시판에 게시했다. 아이들은 프로젝트 수업 내내 평가 기준을 참고로 프로젝트 수업의 방향성이라는 큰 틀을 놓치지 않고 수업에 임할 수 있었다. 예고된 평가 기준을 토대로 아이들 개인별로 프로젝트 수업 전반에 대한 평가를 했다.

강○○ 상

자동차 경주를 통해 자동차가 결승선까지 달리는 데 걸리는 시간과 거리를 수직선에 정확히 나타내고 자동차가 이동하는 데 걸린 시간과 이동한 거리를 자동차의 빠르기와 관련지어 설명함. 미래의 수송 수단 프로젝트에서 자동차와 헬리콥터를 융합해 설계한 삼단자연자콥터의 발표에 적극적으로 참여하였으며 프로젝트 수업의 전 과정에 능동적으로 임하였으며 특히 모둠원의 의견을 듣고 조율하는 의사소통 능력이 뛰어남.

이○○ 상

자동차가 움직인 시간과 거리를 수직선으로 나타내고, 자동차의 빠르기를 이동 거리와 시간과 관련지어 설명함. 미래의 수송 수단 프로젝트에서 최고속도가 500km/h인 만능차를 구상하여 에어백, 안전띠, 범퍼 기능이 탑재된 미래형 자동차를 만들었으며 속력과 관련한 안전장치를 설계하여 결과물에 반영함.

박○○ 상

미래의 수송 수단 발표회 준비 과정에서 자신의 아이디어를 적극적으로 제시하고 친구들의 의견을 존중하며 소통하는 모습을 보임. 친환경적인 부분에 중점을 둔 수송 수단의 기본 요소를 잘 이해하고 있으며 특히 구동장치와 제동장치에 관한 부분을 '물 위를 달리는 자동차'의 설계에 반영함. '물 위를 달리는 자동차'라는 미래의 수송 수단을 구상하여 그림으로 나타내고 설명함.

최○○ 상

수송 수단의 기본 요소를 알고 기본 요소를 모두 갖춘 수송 수단을 제작함. 안전띠, 과속방지턱과 같은 속력과 관련된 안전장치를 조사해 패들렛으로 올리는 활동에 적극적으로 참여함. 태양광을 사용하는 수송 기술 아이디어를 내며 수송 수단의 친환경성을 고려함.

프로젝트 수업을 마치며

신수송 수단 발표회 프로젝트 수업을 마치며 수업을 통해 배운 내용과 좋았던 점, 아쉬웠던 점들을 나누는 시간을 가졌다. 다른 학교 친구들과 함께 발표회를 하는 방식의 수업은 처음 경험해서 새로웠다는 이야기가 많았다. 패들렛에 진지하게 소감을 올리는 모습을 보니 그 전의 아이들과 비교해 아이들이 훌쩍 성장했다는 느낌이 들었다. 아이들의 소감을 그대로 옮겨본다.

6모둠 김효은

1. 프로젝트를 통해 알게된 점
   확실히 발표하는것이 늘었다는
   점이 들었고 더 물체의 운동을
   잘 알게 되었다

2. 프로젝트 전과 후 나의 변화
   생각이 더 깊어졌다는 변화가 생
   긴것 같다

3. 프로젝트에서 아쉬웠던 점
   처음에 말실수를 해서 조금 긴장
   했었던것 같다

4. 프로젝트에서 좋았던 점
   마지막 소감 발표를 할 때 들어
   주는 무거초 아이들한테 너무 고
   마워서 눈물이 날뻔했다▧

5. 칭찬하고 싶은 친구
   박현우: 모둠활동에 그나마 잘
   참여해주어서고마웠다

6. 고생한 나에게 칭찬 한마디
   발표도 힘들었는데 소감까지 발
   표한 나 너무 자랑스럽고 발표
   랑 소감을 들어준 무거초 아이들
   한테 정말 고맙다고 전해주고 싶
   다.
   무거초 아이들한테 고맙다고 전
   해주세요 .

박준희

1. 이 프로젝트 수업을 하면서 자동
   차의 장치들의 대해 잘 알게되었습니
   다. 그리고 친환경적인 자동차들이
   있다는걸 이번계기로 처음 알았습니
   다.

2. 처음에는 자동차에 대해 관심이
   없었는데 이번일의 계기로 미래의 자
   동차에 대해 관심이 많이 생겼습니
   다.

3. 줌 하면서 중간에 연결이 끊기게
   아쉬웠습니다. 그리고 프로젝트가 벌
   써 끝난게 무언가를 끝낸게 뿌듯하기
   도 했지만 아쉽기도 했습니다

4. 친구들과 함께 ppt를 만들며 노력
   한 점이 좋았던것 같습니다. 반대편
   에 있는 다른학교 친구들이지만 줌으
   로 만나서 같이 발표도 한게 새롭던
   날 인거같습니다. 그리고 우리 모둠
   이 적극적으로 열심히 해줘서 좋았습
   니다.

5. 칭찬할 사람은 울산초 친구들과 우
   리반 친구들 입니다 하나같이 노력
   을 열심히 했기 때문입니다. 그리고
   한 마디론 우리 모둠친구들이 노력해
   줘서 고맙다는것 입니다

6. 원래 발표는 나 포함 2명에서 하는
   거 였는데.. 나 혼자해서 너무 긴장이
   됐지만!! 그래도 발표 잘했엉

처음 시도해 본 학교 간 연합 프로젝트 수업이라 기대가 큰 만큼 걱정도 컸다. 여러 번 줌으로 연습을 했음에도 발표 초기에 연결이 원활하지 못했다는 것이 두고두고 아쉬움으로 남았다. 그럼에도 아이들은 최선을 다해주었다. 현재 내가 가진 지식으로 현재를 넘어 미래를 꿈꾸어 본다는 것, 다른 공간의 친구들과 함께 공부하며 서로를 격려하고 경쟁한다는 것. 이러한 경험을 통해 아이들이 성숙한 미래 시민으로 성장하기를 바란다.

프로젝트 수업 후 소감을 들려주세요.

 수진쌤

프로젝트 수업이 마무리된 후 평소 부끄럼이 많아 발표를 잘하지 않는 한 학생이 저에게 이런 말을 했어요.

"선생님, 저 눈물이 날 뻔했어요."

자신의 발표를 열심히 들어주고 평가해 준 무거초 친구들이 정말 고마워서 그랬다고 하더군요. 이 학생은 이번 발표를 떨면서도 끝까지 멋지게 해냈어요. 스스로 자신의 한계를 극복하고 한층 더 성장했다는 생각이 들었어요. '적어도 이 학생에게만큼은 이 프로젝트 수업이 의미가 있었겠구나' 하며 마음이 따뜻해지는 순간이었습니다. 수업을 연구하면 연구할수록 어렵다는 생각이 들어요. 그렇지만 이런 학생들의 모습을 보면 프로젝트 수업을 결코 포기할 수 없어요. 하나의 프로젝트 수업이 끝나면 자연스럽게 다른 프로젝트 수업을 구상하게 돼요. 프로젝트 수업이 교사에게도 큰 동기를 주는 것 같아요. 계속해서 새로운 것을 배우고 싶고 의미 있는 수업을 고민하게 돼요. 고민한 만큼 학생들이 성장하는 것을 보며 교사라는 존재의 의미를 느껴요.

 진숙쌤

프로젝트 수업을 하면서 협력의 힘을 느꼈어요. 아이들에게 협력을 강조하면서도 수업은 교사 혼자만의 영역이라, 수업 계획은 함께하더라도 진행은 우당탕탕 좌충우돌 했었거든요. 이번 신수송 수단 프로젝트 수업을 통해 '함께한다'는 의미를 진정으로 깨닫게 되었어요. 아이들도 선생님의 협력하는 모습, 실패를 거듭하며 배워나가는 과정을 지켜보며 삶은 되어가는 과정 속에 있으며 그 속에서 협력해 더 좋은 결과를 이루어낼 수 있다는 단순한 진리를 경험했기를 바랍니다.

수업을 하면서 평가에 관한 고민이 많았는데 고민을 함께 나누고 좋은 방법을 찾아가는 과정에서 저 또한 많이 성장했음을 느꼈어요. 특히 평가는 마지막에 하는 것이라는 편견을 깨고 수업 초반부에 제시해 아이들의 학습을 이끄는 나침반으로 삼았던 이번 프로젝트 수업은 교사로서도 정말 의미있는 경험이었어요.

장사 천재 프로젝트 수업 만들기-계획

우리 뭐해 볼까요? - 주제 정하기

교실연고 교육연구회 아름쌤, 순호쌤, 윤서쌤은 학교는 다르지만 같은 4학년을 맡고 있는 학교 밖 동학년이다.

다들 한창 1학기 프로젝트 수업의 막바지를 향해 정신없이 달리고 있어 바쁜 와중에 2학기 수업을 계획하려니 막막하게 느껴졌다. 우리는 4학년 교과 성취 기준을 살펴보며 꽉 막힌 머리를 쥐어짜 보았다. 국어, 사회, 과학 등 각 교과 성취기준을 쭉 훑어보며 프로젝트 주제로 다룰 만한 키워드가 있을지 살펴보던 중 사회의 '경제활동'이라는 키워드가 나왔을 때 다들 시선을 멈추었다. '경제활동'을 주제로 정하고 모의 경제활동을 할 수 있는 마켓을 열어보자는 한 선생님의 의견에 다들 기꺼이 동의했다. 마켓을 열면 경제활동도 체험해 볼 수 있어서 좋고, 무엇보다 '마켓'이라고 하면 아이들이 재미있어하는 소재이기 때문이다.

2학기 프로젝트 수업에서 다룰 단원(사회 2단원, 「필요한 것의 생산과 교환」)을 정하고, 해당 단원의 성취기준을 읽어보았다.

[사04-03] 자원의 희소성으로 경제활동에서 선택의 문제가 발생함을 파악하고, 시장을 중심으로 이루어지는 생산, 소비 등 경제활동을 설명한다.

이 성취기준을 보면서 아이들이 이 프로젝트 수업을 통해 제대로 알고 이해해야 할 것이 무엇인지 다시 확인했다. 자원의 희소성, 선택의 문제, 생산과 소비와 같은 경제와 관련된 개념들이 눈에 들어왔다. 마켓을 열어 재미있는 경험을 해보는 것도 중요한 부분이지만 마켓이라는 '모의 경제활동'을 통해 사회과의 중요한 개념을 자연스럽게 이해하고 체득할 수 있도록 하는 것이 가장 중요하다고 생각했다. 이 지점에서 세 선생님의 생각이 일치했다.

"어떤 방식으로 마켓을 열든, 아이들이 직접 소비하면서 경제활동이란 뭔지 깨달을 수 있어야 할 것 같아요."

"아이들이 실제 생활에서 뭔가 직접 사기도 하고, 용돈도 쓰잖아요. 알고 보면 아이들도 경제활동을 하고 있는데, 그게 경제활동인지 잘 모를거라 생각해요. 그러니까 실제 같은 상황을 만들어 주면 좋겠어요."

"그렇죠. 어른이 되어도 경제활동에서 선택을 잘하기는 정말 어렵잖아요! 아이들이 선택의 문제에 놓이도록 해서 선택을 잘하는 방법을 알려줘야 할 것 같아요."

이렇게 세 선생님은 성취기준을 함께 읽고, 이번 수업을 통해 다루어야 할 중요한 내용이 무엇이고, 어떤 식으로 다루어야 할지 해석하며 프로젝트 수업의 방향을 정했다.

그리고 좀 더 세부적인 부분에서 고민이 이어졌다. 마켓을 열기로 정했는데 어떤 방식으로 운영할 것인지, 누가 무엇을 생산하고 소비하도록 수업을 설계할 것인지 등의 문제를 결정해야 했다.

"가정에서 중고 물품을 가지고 와서 사고팔까요?"

"학교 근처에 전통 시장이 있는데, 시장 체험도 할 겸 시장에서 물건을 때와서 팔아보는 건 어떨까요?"

"직접 만들어서 파는 건 가능할까요?"

세 선생님은 머릿속으로 여러 가지 상황과 경우의 수를 그려보고 수업을 그려보느라 고민에 빠졌다. 중고 물품을 가지고 와서 파는 건 이미 저학년에서도 많이 했을 법하고, 시장에 가서 물건을 떼오는 건 주변에 도매 시장이 있는 학교만 가능한 일이고, 직접 만들어 팔면 경제활동 중에서 '생산'도 경험해 볼 수 있어서 좋긴 하겠는데, 물건을 직접 만드는 건 어쩐지 어렵게 느껴져서 선뜻 결정할 수 없었다. 그러던 중 누군가 또 의견을 냈다.

"물건을 만들어서 판다고 해서 거창하게 생각하지 말고, 간단한 굿즈를 만들어보는 것 정도는 괜찮을 것 같아요."

간단한 굿즈를 만들어보자는 의견에 다들 고개를 끄덕였다. 기존의 물건에 디자인적 아이디어를 넣어서 굿즈를 만들면 그것 또한 일부 '생산' 활동으로서 아이들이 소비자뿐만 아니라 생산자의 역할도 경험해 볼 수 있을 것 같았다. 아이들이 굿즈를 만들면 어떤 방식으로 판매할까, 누구에게 판매할까 등 마켓을 운영할 현실적인 방법을 찾기 위해 우린 또다시 생각에 잠겼다.

"각 반에서 굿즈를 만들고 팔아야 할까요? 아니면 학교 내에서 다른 학년을 대상으로 파는 게 좋을까요?"

"세 개 반에서 같이 참여해서 서로서로 팔아요."

"학교가 다 다른데 어떻게 하죠?"

"온라인으로 마켓을 열어봐요!"

'온라인 마켓'이라는 말에 세 선생님의 머리 위로 느낌표가 떠올랐다.

"와~ 그거 좋네요! 줌으로 온라인 라이브 마켓을 열면 되겠어요!"

"요즘 온라인 쇼핑몰이나 SNS 보면 라이브 쇼핑 방송 많이 하던데, 애들이 직접 만든 굿즈를 가지고 나와서 소개하고 홍보도 하면 재밌겠어요."

"그럼 줌으로 라이브 마켓을 열어서 다른 학교 친구들에게 자신이 만든 물건을 소개하고, 다른 학교가 생산한 물건을 구매하는 방식으로 해 봐요."

요즘 교실 수업에 에듀테크가 깊숙이 들어오고 있다더니, 실제로 디지털의 유용성을 체감할 수 있는 순간이었다. 화상 회의 플랫폼이 아니라면 세 학교가 만나서 함께 하는 수업을 상상이나 할 수 있었을까? 2020년 코로나가 발생했을 때, 가정에서 학습하는 아이들을 위해 '줌'이라는 화상 회의 프로그램으로 원격수업을 했었는데, 이번에는 세 학교 아이들의 실시간 만남을 위해 줌을 활용한다. 코로나 이후 에듀테크가 도입된 교실의 모습은 확연히 달라졌다.

세 학교 아이들이 함께 여는 온라인 마켓, 이렇게 프로젝트 수업의 주제가 정해졌다.

프로젝트 수업 주제가 '세 학교의 라이브 마켓'인데, 그렇게 정한 이유가 있나요?

 순호쌤

학교에서 사회를 가르칠 때 어려운 점은 교실 속으로 거대한 사회를 가져올 수 없다는 것에 있지요. 때문에 실생활을 살아가는 다양한 사회적 기술들을 교실 수업에 있는 그대로 가져와 적용하기에 어려움이 있어요. 그런 의미에서 '경제생활'을 다룬 이번 수업의 주제는 매우 흥미로웠어요. 학생들이 돈을 주고 물건을 구매하는 경험은 많지만, 합리적인 기준을 세워 물건을 구매해 본 경험은 없으리라 생각했고, 물건을 만들어 내다 파는 '생산자'가 되어 보는 경험은 전혀 없을 것이라 예상했어요. 돈을 제대로 사용하기 위해 깊이 주도적으로 생각하고 판단하는 능력을 길러주는 것이 이번 수업의 목표라고 생각했어요.

이번 수업은 학생들에게 조금 특별할 것이라 예상되었어요. 1학년부터 해왔던 나눔장터, 벼룩시장과 같이 쓰던 물건을 다른 사람에게 사고파는 모의시장 놀이는 4학년 학생들에게 흥미를 끌지 못하리라 판단했어요. 모의시장 놀이에서는 물건의 제대로 된 홍보나 판매전략 등이 나올 수 없기 때문이에요.

또한, 같은 시간에 같은 공부를 하는 다른 학교의 4학년을 만나는 경험은 학생들을 더욱 실생활 맥락으로 유도할 수 있었어요. 줌을 통해 대화하고, 자신이 만든 물건을 홍보하며, 궁금한 점을 묻고 답하는 상황은 실제 장사를 하고 있는듯한 느낌을 주기에 충분했어요.

 아름쌤

언젠가 제가 동료 선생님과 이야기하며 '우리 아이들에게는 교과 지식 보다 살아가는 기술이 더 중요한 것 같다'라고 이야기한 적이 있어요. 지식은 자기 주도성만 갖추고 있다면 혼자서도 얼마든지 쌓을 수 있는 시대이지만, '살아가는 기술'은 함께 할 동료가 곁에 있을 때 경험할 수 있고 비로소 얻어지는 것 같아요. 그런 측면에서 이번 프로젝트 수업은 주제도 과정도 아이들이 '살아가는 기술'을 익히기에 더할 나위 없이 완벽하다고 생각해요. 또한 거시적인 경제 원리를 우리 교실로 가져와 학생들이 직접 주체가 되어 경험해 보는 활동은 학생들이 어려워만 하는 사회 교과에 대한 흥미와 관심을 끌어올리기에도 충분했어요.

단지, 하나의 걱정이 있었어요. '온라인 쇼핑'을 위해서 분명 여러 기술적인 기능들이 필요할 텐데 스마트기기의 사용 경험이 부족한 우리 아이들이 잘 해낼 수 있을까 하는 것이었어요. 하지만 무엇이든 처음은 있는 법이고, 우리 아이들에게도 다른 학교 친구들과 교류하며 서로 긍정적인 자극을 통해 성장할 기회가 될 것이라 확신했어요.

 윤서쌤

1학기 부반장으로 뽑힌 태호(가명)의 공약이 바로 우리 반에서 마켓을 여는 거였어요. 태호는 공약을 지켜야 한다고 마켓을 열게 해달라고 말했고, 아이들도 마켓을 하기만을 기다렸는데, 저는 알겠다고 대답해놓고 마켓을 못 열어줬어요. 마켓을 하려면 준비해야 할 것이 꽤 많거든요. 시간이 오래 걸려요. 적어도 3~4일은 걸리는데, 그럼 다른 수업을 하기가 어려워요. 한두 번 미루니까 마켓은 어느 순간 우선순위 저 멀리 밀려나 있더라고요. 그게 내심 마음에 걸렸는데, 이번에 장사 천재 프로젝트를 하면 아이들이 그렇게 하고 싶어 하던 마켓도 할 수 있고, 생산과 소비를 연결해서 중요한 개념도 배울 수 있으니까 이 주제가 너무 반갑고 좋더라고요. 게다가 세 학교가 함께 여는 라이브 마켓이라니. 재밌을 것 같아서 머릿속에 자꾸만 수업이 그려지고 엉덩이가 들썩거리는 것 같았어요.

장사 천재 프로젝트 수업 설계
무슨 활동을 어떤 순서로 할까요?

프로젝트 수업의 주제를 정한 후, 계속해서 이야기를 나누며 수업 아이디어를 하나씩 더해갔다. 아이디어를 나누다 보니 자연스럽게 프로젝트 수업의 이름도 정해졌다. 바로 '장사 천재 프로젝트'였다. 이야기 나누다가 누군가 툭 던진 이름인데 직관적이고 부르기 좋은 이름이라 그렇게 부르기로 했다. 프로젝트 수업의 이름을 정하니 무언가 본격적으로 시작하는 느낌이 들었다.

'라이브 마켓'이라는 프로젝트 수업 주제를 정했고, 이름도 정했으니 세부적인 활동 내용과 순서를 정할 차례였다. 처음부터 내용과 순서를 세세하게 정하기보다는 대략적인 흐름을 짰다. 먼저, 각반의 아이들이 생산자가 되어 상품(굿즈)을 생산하고, 적절한 홍보 방법을 정해 홍보 자료도 만든다. 라이브 마켓을 여는 날, 세 학교의 아이들이 줌에서 모여 각자 만든 상품을 소개하고 다른 학교 학생들은 소개를 듣고, 상품을 평가한 뒤 주문하고 구매하고, 마지막으로 자신의 생산과 소비를 돌아보는 것으로 프로젝트 수업을 마무리한다. 각 반에서 실제 수업을 할 때는 이 흐름 그대로 수업하지 않고 그 반의 상황, 특징에 맞추어 조금씩 조정해서 수업하기로 했다.

이렇게 대략적인 흐름을 짜면서 우리는 어떤 순서로 활동을 진행하는 것이 좋을 것인지, 앞뒤 활동이 자연스럽게 이어지는지, 이런 활동들이 '자원의 희소성'과 '경제활동'이라는 중요한 개념을 배우는 데 정말 필요한 것일지 등을 계속해서 점검하며 이야기를 나누었다. 세 선생님 모두 장사 천재 프로젝트가 단지 재미있는 시장 놀이 활동에 그치지 않기를, 활동을 경험하는 것에서 더 나아가 아이들이 꼭 배워야 할 개념들을 진심으로 깨닫고 느낄 수 있기를 바라면서 한 돌, 한 돌 정성스럽게 놓는 마음으로 차시 수업 활동을 계획했다.

수업의 흐름을 어느 정도 짰을 때, 어느 시점에서 어떤 내용을 평가할 것인지 평가 계획도 세웠다. 프로젝트 수업을 하는 과정 중에 아이들이 '자원의 희소성이라는 개념을 바르게 설명하는지'[지식·이해], '생활 속 생산과 소비를 바르게 이해하는지'[지식·이해], '물건을 구매할 때 선택의 기준을 세워 합리적으로 구매하는지'[과정·기능]를 다음과 같이 평가하기로 계획했다.

'장사 천재' 프로젝트 수업 차시 수업 및 평가계획

프로젝트명	장사 천재 프로젝트	
성취·기준	[사04-02] 자원의 희소성으로 경제활동에서 선택의 문제가 발생함을 파악하고, 시장을 중심으로 이루어지는 생산, 소비 등 경제활동을 설명한다.	
탐구 질문	우리가 '장사 천재'가 되려면 무엇을 어떻게 사고팔아야 할까?	
차시	수업 내용	평가 내용
1~2차시	프로젝트 수업 도입하기	
3~4차시	자원의 희소성 알아보기	
5~6차시	생산과 소비 알아보기	[지식·이해] 실생활 장면에서 생산과 소비의 상황 바르게 찾기

7차시	○○초 쇼핑몰 운영 계획 세우기: 판매할 물품, 가격 정하기	
8~10차시	판매할 물품 제작하기	
11~12차시	물품 홍보 계획 세우기 - 홍보 자료와 홍보영상 만들기	
13~14차시	현명하게 소비하는 방법 알아보기	[과정·기능] 물건 구매를 위한 합리적 의사 결정 기준 세우고 구매하기
15~16차시	라이브 마켓을 통해 상품 판매 및 구매하기 - 우리가 제작한 상품 소개하기, 질문하기 - 구매할 물건 결정하고 구매하기	
17~18차시	자신의 소비 평가하고 이야기 나누기 프로젝트 마무리	[지식·이해] 온라인 마켓 활동을 통해 자원의 희소성 개념 이해하기

무엇을 어떻게 평가할까요?

차시 수업 내용과 평가 내용을 대략 정한 뒤에는 평가를 어떻게 할 것인지 좀 더 세부적으로 의논했다. 먼저, 장사 천재 프로젝트 수업을 통해 무엇을 평가할 것인지, 무엇에 초점을 맞출 것인지를 의논하고 따로 평가 계획표를 만들기 시작했다.

"장사 천재 프로젝트를 통해 알 수 있어야 하는 것 중 가장 핵심은 뭘까요?"

"합리적인 선택을 할 수 있는지, 이거겠죠?"

"라이브 마켓 준비하면서 경제활동의 개념과 자원의 희소성을 배우고, 차곡차곡 빌드업한 뒤에 라이브 마켓에서 정말 합리적인 선택을 할 수 있는지 평가하는 게 좋겠어요."

이런 의논을 거친 후 우린 과제명을 간결하게 정리해서 '모의 경제활동(라이브 마켓)을 통해 합리적 선택하기'라고 적었다. 이어서 우리가 무엇을 중요하게 가르쳐야 할지, 아이들은 무엇을 확실하게 배워야 할지 성취기준을 적으며 한 번 더 확인했다. 성취기준에 대한 아이들의 성취 수준도 정했다. 아이들의 어떤 말과 행동이나 태도를 보고 성취기준 도달 정도를 평가할지 그 수준을 정하고 상·중·하로 나누어 성취 수준을 정리했다.

성취 수준을 정한 뒤에는 평가 요소를 세 가지(자원의 희소성 개념 이해하기, 경제활동 개념 이해하기, 합리적인 기준에 따른 현명한 선택하기)로 추출하고, 각각 30%, 30%, 40%로 배점을 부여했다. 장사 천재 프로젝트 수업에서는 가장 중요한 내용이 '합리적 기준에 따른 선택'이라고 판단했기 때문이었다. 그리고 평가 요소별로 채점 기준을 만들어 배점을 부여하고 채점 기준표를 작성했다. 채점 기준을 만들 때는 평가 요소에 대한 구체적인 목표를 설정하고, 그 목표에 맞추어 채점할 수 있는 기준을 정했다.

여기까지 의논을 마쳤을 때, 우린 모든 에너지가 빠져나간 듯이 잔뜩 지쳐있었다. 하나의 수업과 평가를 계획하는 것이 이렇게 많은 고민이 필요한 일이었나 새삼 다시 느꼈다.

"와, 수업 하나 제대로 해보기가 이렇게 힘든 일이었나요?"

"수업과 평가를 동시에 고민해서 짜는 게 보통 일이 아니네요!"

수업 설계는 수업 설계대로, 평가는 평가대로, 수업 설계와 평가계획은 차원이 다른 두 가지 고민을 해야 하는 일이었다. 앞서 수업 내용을 계획할 때는 대략적인 흐름을 짜는 방식으로 했다면, 평가 내용과 성취 수준 등 평가를 계획할 때는 우리가 정한 성취 수준, 평가 요소와 채점 기준이 타당한지를 계속해서 점검하는 방식으로 평가계획을 세웠다. 어떤 용어를 쓰고, 어떤 문장을 구사해야 명확한 기준이 될 것인지 고민하며 썼다 지우기를 반복했다.

과정 중심평가는 수업의 일부이기에 수업과 평가는 절대로 뗄 수 없는 부분이다. 교사는 수업과 평가, 두 가지를 양손에 두고 모두 다루어야 하지만 두 가지를 동시에 고려해서 결정하는 건 분명 고된 과정이었다. 학생들의 다양한 요구와 관심, 저마다 다른 학급의 상황 등 개별적 요소들을 모두 충족시키는 수업을 하면서 동시에 타당하고 객관적인 평가 기준을 설정하려면 매우 세심한 숙고를 해야 하기 때문이었다.

세 사람의 머리를 모아 숙고를 거듭한 끝에 우린 다음과 같은 평가 계획표를 완성했다.

과제명	모의 경제활동(라이브 마켓)을 통해 합리적 선택하기		
성취 기준	[4사04-03] 자원의 희소성으로 경제활동에서 선택의 문제가 발생함을 파악하고, 시장을 중심으로 이루어지는 생산, 소비 등 경제활동을 설명한다.		
성취 수준	상	중	하
	자원의 희소성으로 인해 선택의 문제가 발생함을 이해하고 모의 경제활동 상황에서 합리적 기준을 세워 물건을 선택한다.	자원의 희소성과 선택 문제를 이해하고 모의 경제활동 상황에서 기준을 세워 물건을 선택한다.	자원의 희소성을 이해하고 모의 경제활동 상황에서 물건을 선택한다.

평가 요소	채점 기준	배점
자원의 희소성 개념 이해하기(30%) [지식·이해]	모의 경제활동에서 선택의 문제가 발생한 상황과 선택의 문제가 발생한 이유를 자원의 희소성과 연관 지어 설명한다.	3
	모의 경제활동에서 선택의 문제가 발생한 상황과 선택의 문제가 발생한 이유를 설명한다.	2
	모의 경제활동에서 선택의 문제가 발생하는 상황을 설명한다.	1
경제활동 개념 이해하기 (30%) [지식·이해]	생활 속 생산과 소비 상황을 5~6가지 모두 바르게 찾고 설명한다.	3
	생활 속 생산과 소비 상황을 2~4개 바르게 찾고 설명한다.	2
	생활 속 생산과 소비 상황을 1개 이하로 바르게 찾고 설명한다.	1
합리적인 기준에 따른 현명한 선택하기(40%) [과정·기능]	자신의 우선순위에 따라 물건 선택의 기준을 명확하게 정하고, 기준에 따라 물건을 평가하여 자신이 구매할 물건을 결정한다.	4
	자신의 우선순위를 고려하여 물건 선택의 기준을 정하고 기준에 따라 자신이 구매할 물건을 평가한다.	3
	자신의 우선순위를 정하고 기준을 세워 평가하는 데 어려움을 겪는다.	2

평가 결과	상	중	하
	8점 이상	5~7점	4점 이하

장사 천재 프로젝트 수업을 설계할 때, 무엇이 중요한가요?

 순호쌤

저는 프로젝트 수업을 계획할 때 항상 산출물을 무엇으로 할 것인지 먼저 정해요. 그러면 프로젝트 수업의 방향성을 정하는 데 도움이 되거든요. 이번 프로젝트 수업의 산출물은 학생들이 생산자와 소비자로서 라이브 마켓에 참여하는 것으로 줌을 통해 자기 물건을 소개하고 주문을 받는 생산자로서의 역할과 자신만의 합리적 결정을 하는 소비자로서의 역할을 균형있는 비중으로 가져가는 것이 중요했어요. 그러나 처음부터 장사를 준비하고 물건을 살 준비를 하는 것이 아니라 경제활동에 대한 깊은 이해가 선행되어야 하죠. 교과서에 제시된 다양한 사례를 바탕으로 지식 이해를 마치고, 학생들이 미래에 생산자-소비자로 잘 살아가기 위해 무엇을 준비해야 하는지를 생각했어요. 생산자로서 모둠별로 그들만의 회사를 세워 이름을 짓고 슬로건을 만들며 모둠 세우기를 진행하고, 소비자로서는 실제 생활에서 소비해보았던 경험을 바탕으로 합리적 기준을 세워보는 활동을 선행했어요.

또한 우리 반 학생들이 모둠별로 물건을 제작하는 것 자체에 집중해서는 안 된다고 생각했어요. 그래서 물건을 만드는 시간을 최소로 배정하여 학생들이 방향을 잃지 않도록 했고, 너무 다양한 물건이 나오지 않도록 적절히 통제했어요. 너무 다양한 물건을 제작하도록 했을 경우 이 물건을 살 다른 학교 학생들이 적절한 판단기준을 세우고 결정하기에 어려움을 겪으리라 생각했기 때문이에요.

아름쌤

세 명의 선생님이 함께 모여 프로젝트 수업의 흐름을 짜는 것에는 큰 어려움이 없었어요. 하지만 평가계획을 세우면서 많은 고민이 생겼어요. 생산자와 소비자의 관점에서 겪는 자원의 희소성을 모두 경험해 보도록 하고 두 가지 측면을 모두 평가하고 싶었거든요. 그리고 그 평가가 프로젝트 수업 전체 과정에 자연스럽게 녹아들면서 프로젝트 수업의 하이라이트인 라이브 마켓에도 적용되도록 매끄러운 연결이 필요했어요. 고민 끝에 우리는 성취기준에는 제시되어 있지 않았던 '합리적인 기준'을 가져오기로 하였고, 이는 5학년 실과에서 다루는 부분으로 수준을 조정해야 했어요. 그래서 학생들이 구매를 위한 합리적인 기준을 만드는 대신 제시된 몇 가지 기준 중 자신에게 필요한 것을 선택하고 그것에 따라 물건을 구매할 수 있도록 했어요.

프로젝트 수업을 계획할 때마다 평가 요소를 선정하기는 하나, 교과 지식을 평가하는 수준에서 그쳤다면 이번만큼은 조금 달랐어요. 프로젝트 수업의 전 과정의 배움이 평가될 수 있도록 계획을 세우고 나니 우리가 나아가야 할 방향이 더욱 명확해지는 느낌이 들었어요.

 윤서쌤

저는 '이 장사 천재 프로젝트 수업을 통해서 학생들이 무엇을 배울 수 있을까?'를 가장 많이 생각했어요. 이전에도 프로젝트 수업은 여러 번 해봤는데, 어느 순간부터 프로젝트 수업을 왜 하는지 의문점이 들었어요. 다양한 활동 위주의 수업을 하니까 재밌기는 한데, 아이들이 배우는 것은 무엇인지, 아이들에게 무엇이 남았을지 스스로 확답을 못 하겠더라고요. 이번 프로젝트 수업을 할 때는 재미있는 활동뿐만 아니라 아이들이 알아야 할 것을 제대로 배우게 해보겠다고 생각하면서 프로젝트 수업을 설계했어요. 라이브 마켓이라는 실제 상황 속에서 생산과 소비 활동을 직접 경험하고, 자원의 희소성으로 인한 선택의 문제도 직면해보고, 그러면서 현명한 선택이란 무엇인지 이해하는 거죠. 이런 과정에서 학생들이 생산과 소비가 어떤 개념인지, 실제로 선택 기준을 세워 현명한 선택을 할 수 있는지 평가도 하고요.

이렇게 평가 초점을 생각하면서 수업을 설계하니까 저도 무엇에 집중해서 수업할지 명확해지고, 아이들과 함께 정말 의미 있는 수업을 해볼 수 있겠다는 자신감도 생기더라고요. 빨리 시작해 보고 싶어졌어요.

장사 천재 프로젝트 수업하기 - 실행

장사 천재 프로젝트 시작

장사 천재 프로젝트 수업을 시작하기 전, 수업 회의를 하기 위해 줌으로 만났다.

"우리, 이거 할 수 있겠죠?"

순호쌤이 조심스레 꺼낸 말이 어떤 심정을 담고 있는지 우린 단번에 알 수 있었다. 우리 모두 같은 심정이었다. 세 학교의 라이브 마켓 프로젝트, 계획은 참 거창한데 다들 처음 시도하는 방식의 수업인데다 평가까지 신경 쓰면서 해야 한다고 생각하니 어떻게 시작해야 할지, 계획대로 할 수는 있을지 걱정과 부담이 슬그머니 들었다. 이 프로젝트 수업말고 다른 수업도 해야 하는데, 학교 행사도 준비해야 하는데, 아이들이 과연 '다른 학교에 팔 수 있는' 상품을 제작은 할 수 있을지, 너무 일을 키운 것은 아닐지, 아이들을 데리고 꽤 긴 여행을 떠나는 사람처럼 마음이 무거웠다.

"이왕 이렇게 된 거 해봐야죠."

생각해 보면, 학교 시계는 언제나 바빠서 여유 있는 날을 찾기는 더어렵고, 이렇게 함께 수업하는 동료들이 있을 때 해보는 수밖에 없었다. 짧은 푸념 후, 우리는 다시 마음을 다잡고 프로젝트 수업을 준비했다. 수업을 대략 언제 시작해서, 언제쯤 줌으로 라이브 마켓을 열 것인지, 상품은 어떤 품목을 어떻게 제작할 것인지, 가격은 얼마쯤 할 것인지 등 공통적인 사항을 정하고 수업 사진이나 내용을 중간중간 공유하기로 했다.

줌 회의 며칠 후, 우린 각자의 방식으로 프로젝트 수업을 시작했다. 아이들에게 어떤 프로젝트를 할 것인지 대략적인 내용을 설명해주었다. 세 학교가 함께 라이브 마켓을 열어 물건을 사고팔 거라고 말하자, 아이들은 처음 해보는 프로젝트 수업이라며 의아해하기도 하고, 기대하는 반응을 보이기도 했다.

아이들과 프로젝트 수업의 방향과 내용을 공유하는 것은 단순히 내용을 알려주는 것, 그 이상의 의미가 있었다. 우린 아이들의 반응을 보고 앞으로 프로젝트 수업을 어떻게 이끌어갈지 가늠했다. 물론 계획해 놓은 바는 있었지만, 수업 계획은 교사의 머릿속 지도일 뿐 이제부터는 아이들과 함께 가는 실제 여정이기에 아이들의 반응을 예의 주시하며 목적지로 가는 경로와 속도를 세심하게 조절하며 가야 한다. 아이들과 우리가 어디로 갈 것인지 합의한 순간부터 이제 우리의 프로젝트 수업은 본격적으로 여정을 시작하는 것이다.

장사 천재 프로젝트를 시작했는데, 아이들의 반응은 어땠나요?

 순호쌤

프로젝트 수업 도입을 할 때, 아이들이 "우와~"할 만한 반응을 만들어야 해요. 저는 학생들에게 프로젝트 수업이 다소 도전적인 과제라 어렵게 느껴지도록 유도하는 편이에요. 프로젝트 수업에서 다루는 주제를 포기할 정도가 아니라 한 번 해볼 만한, 잘 되기만 하면 재미있겠다는 생각이 들도록 하는 것이 중요하다고 생각해요.

아이들은 물건을 사고판다는 단순한 설정에 처음에는 흥미를 보였어요.

소비자로서의 역할이야 평소 경험을 살려 물건을 잘 고르면 됐으나, 생산자로서의 경험은 전혀 없기 때문에 어떤 물건을 어떻게 만들어야 할지 전혀 감을 잡지 못했어요. 그래서 저는 아이들이 만들 물건을 티셔츠, 머그컵, 에코백으로 한정했어요. 그냥 이 물건을 팔면 모둠별로 특징이 없으니 마음을 담은 글을 예쁘게 써서 물건을 팔아보자고 제안했어요. 여기까지 제안하니 아이들이 다음 활동을 술술 이야기했어요. 캘리그라피 연습, 홍보영상 촬영 및 편집, 협의 시간 등 아이들이 말하는 내용을 칠판에 마인드맵의 형태로 그리면서 마음속으로 회심의 미소를 지었어요.

"이 녀석들, 좀 하는데?"

 아름쌤

우리 학교는 매해 '나눔장터'을 운영해요. 학교의 전통이죠. 올해도 어김없이 6월에 나눔장터를 운영했고, 그때의 활동사진과 아이들의 소감문을 함께 훑어보며 아이들과 나눔장터를 운영하면서 겪었던 일들과 느낀 감정들을 이야기해 보았어요. 그리고 아이들에게 물었어요. 물건을 다 팔았던 친구들과 그렇지 않은 친구들의 차이는 무엇이었는지, 다시 나눔장터를 한다면 어떤 전략을 세울 것인지를 말이죠. 아이들은 이미 답을 알고 있었어요.

"친구들이 좋아하는 물건, 필요한 물건, 값싼 물건, 예쁜 물건을 팔아요."
"잘 팔리는 물건과 그렇지 않은 물건을 묶어서 함께 팔아요."
"장터가 끝나갈 때쯤에는 가격을 내려서 팔아요."
자, 이제 주제를 던질 시간이에요.
"그럼 우리 이런 경험을 살려서 이번에는 다른 학교 친구들과 서로 물건을 사고팔면 어떨까요?"

환호성과 함께 기대에 찬 아이들은 질문을 쏟아냈어요. 들뜬 마음을 진정시키고 사회 교과서를 꺼내 들고는 더 나은 장사와 구매를 위해 우리가 무엇을 배워야 할지 함께 찾아보았어요. 그리고 라이브 마켓을 준비하기 위해 해야 할 일을 칠판에 적으며 설레는 마음으로 아이들과 프로젝트 수업 주제망을 만들어 나갔어요.

 윤서쌤

프로젝트 수업을 도입하면서 아이들이랑 사회책을 훑어봤어요. 생산, 소비, 자원의 희소성 이런 단어들이 눈에 띄더라고요. 이 단원을 배우면서 무엇을 하고 싶은지 물어보니까 아이들이 시장 놀이를 하고 싶다고 했어요. 안 그래도 예전에 마켓을 하기로 했는데 못 했다고 하면서. 그래서 그 말을 받으며 "그래, 우리 시장 놀이 프로젝트를 해보자"라고 말했고, 이번엔 우리 반끼리 아니라 세 학교가 같이 연합해서 시장 놀이를 해보자고 덧붙여 말했어요. 그 말이 떨어지자마자 아이들의 질문이 쏟아지더라고요. 어디 학교랑 연합하는 것이냐, 다른 학교 애들이랑 어떻게 시장 놀이를 할 것이냐, 뭘 사고파는 것이냐 등. 이렇게 질문이 쏟아진다는 건 호기심이 생기고 관심 가기 시작했다는 신호거든요. 아이들이 '오! 오! 그거 재밌겠다.' 하면서 반응하고, '이렇게 하면 더 재밌겠다.'라고 의견도 내면서, 프로젝트 수업에 대해 기대하는 모습을 보니까 저도 같이 기대됐어요. 이 기대감을 유지하면서 이 수업을 같이 잘 만들어 가봐야겠다고 생각했어요.

장사를 준비해 보자

장사 천재가 알아야 할 지식

장사 천재가 되기 위해서는 꼭 알아두어야 할 경제 개념이 있다. 사회 2-(1) 단원에 나오는 주요 개념이기도 한 '자원의 희소성', '현명한 선택', '생산과 소비'이다. 라이브 마켓을 열면 물건을 만들고, 사는 경험을 할 텐데 그때 발생하는 선택의 문제를 '어떻게 현명하게 해결하느냐'가 이 프로젝트 수업의 핵심이기 때문이다.

2시간 정도 사회책을 활용하여 주요 개념의 의미를 알아보았다. 무엇을 살 때 고민했던 경험을 떠올려 보고, 왜 고민했는지 이야기 나누며 '자원의 희소성'에 대한 개념을 알아보았다. 시간이나 돈과 같은 자원은 한정되어 있기에 항상 선택의 문제가 발생하고, 현명하게 선택할 필요가 있다는 것을 학습했다. 다음 차시에서는 사회 교과서에 제시된 예시 상황을 살펴보며 일상생활에서 일어나는 '생산과 소비'를 찾아 이야기 나누었다. 이를 통해 사람들이 필요로 하는 물건을 만들거나 편리하고 즐겁게 해주는 것을 '생산'이라고 하고, 그것을 사는 일이 '소비'라는 것을 학습했다.

"여러분, 우리가 왜 자원의 희소성이나 생산과 소비, 이런 것들을 공부할까요?"

"장사 천재 프로젝트를 하려면 좀 알고 있어야 할 것 같아요."

곧 라이브 마켓을 준비해야 하니 '자원의 희소성'이나 '생산과 소비'라는 개념을 다룰 때도 자연스럽게 라이브 마켓과 직·간접적으로 관련짓게 되었는데, 그래서인지 아이들은 이것을 왜 배워야 하는지, 그 목적을 확실하게 파악한 듯했고 다른 때보다 더 수업에 집중하는 모습을 보였다.

본격 장사 준비

장사 천재가 되는데 필요한 핵심 개념을 배운 뒤, 각 반에서는 본격적으로 장사 준비에 돌입했다. 먼저, 장사 품목을 정했다. 다른 학교 학생들에게 무엇을 팔아야 희소성이 있을지 아이들과 함께 의논했다. 옥서초 아이들은 옥서초가 환경학교라는 점을 고려해서 환경 관련 제로웨이스트 물품을 판매하기로 했다. 함월초 아이들은 관계·감성을 생각한 티셔츠, 물컵을 판매하기로 했다. 방어진초 아이들은 다가올 크리스마스를 대비하여 미리 크리스마스 소품을 판매하기로 했다.

품목을 결정한 후에는 각 반의 방식으로 판매할 물건을 만들었다. 먼저, 옥서초 아이들은 5개 팀으로 나누어 환경 관련 제로웨이스트 물품을 파는 미니 상점 5개(양치 용품을 파는 제로샵, 비누와 샴푸바를 파는 제로웨이스트 연구소, 친환경 설거지 용품을 파는 생생 마켓, 커피박 키링을 파는 마켓, 바다 유리 방향제를 파는 그린글래스샵)를 만들었다. 각 팀에서는 인터넷 쇼핑몰에서 판매하고 있는 제로웨이스트 상품의 종류를 살펴보고 가격을 비교해 본 뒤 라이브 마켓에서 판매할 상품을 선정했다. 비누, 샴푸바, 고체 치약 등 몇 가지 제품은 완성된 것을 사기로 했고, 업사이클링 DIY 제품은 재료를 구매해서 직접 만들기로 했다. DIY 제품은 바다에 버려진 유리 조각을 주워서 만드는 바다 유리 방향제, 커피 찌꺼기를 모아서 다시 만드는 커피박 키링이었다. 아이들이 결정한 제품을 장바구니에 담으면 윤서쌤이 최종적으로 확인해서 구매해 주었다. 구매하고 며칠 후, DIY 제품 재료를 받아서 몇 개의 샘플 제품을 만들었다.

함월초 아이들은 캘리그래피를 연습하여 티셔츠, 머그컵, 에코백에 승화 전사 프린팅한 작품을 만들었다. 동아리 활동을 통해 캘리그래피를 연습했고, 몇 번의 연습을 한 뒤에는 따라 적는 수준이었지만 근사한 글을 쓸 수 있게 되었다. 아이들이 만든 캘리그라피 작품 중에 마음에 드는 것을 3가지 고르라고 했고, 이를 순호쌤이 스캔하여 승화 전사 프린팅을 해주었다. 아이들은 다양한 방법으로 자기 모둠의 정체성을 드러내려고 했다. '함월달빛연구소'라는 이름을 가진 모둠은 자기 회사의 마크를 물건에 담았고, '분위기 UP'이라는 모둠은 홍보영상에 이러한 모둠의 특징을 잘 살리는 재치 있는 멘트를 하기도 했다. 흔해 보이는 물건에 자기 모둠만의 가치를 불어넣는 작업은 회사의 마케팅과정을 닮아 있었다. 아이들은 똑같은 티셔츠 중에서 더 주목받으려면 어떻게 해야 하는지를 고민했고, 똑같은 머그컵, 에코백에서 어떤 문구를 프린팅하고 어떻게 네이밍을 해야 친구들의 관심을 끌어 물건을 더 팔 수 있을지를 생각했다. 제품들을 모두 제작하지는 않고 몇 가지 샘플을 만들었고, 나머지는 주문이 들어오면 수량에 맞추어 제작하기로 했다.

　방어진초 아이들은 크리스마스 시즌 상품을 판매했다. 처음 아이들은 방어진을 홍보할 수 있는 물건을 판매하자고 했다. 슬도 등대 모형, 성끝 벽화마을 포토 엽서, 용가자미 배지 등 다양한 아이디어가 나왔다. 그러다 한 아이가 말했다. "그런데 다른 학교 친구들이 이걸 좋아할까?" 자원의 희소성을 생각한 것이다. 생성형 AI를 활용해 어떤 물건을 팔면 좋을지, 4학년 친구들이 좋아할 만한 캐릭터와 주로 사용하는 물건에는 어떤 것이 있는지 정보를 모았고 '미리 크리스마스'라는 주제가 선정되었다. 프로젝트가 진행된 시기가 10월 말~11월 초였는데 12월의 크리스마스를 미리 준비해서 선물할 수 있는 물건을 제작해 판매하자는 것이다. 아이들은 회의 끝에 판매할 4가지 상품(마이보틀, 그립톡, 팔찌, 키링)

을 선정했다. 투명 텀블러와 DIY그립톡을 구매해 인기 있는 캐릭터 스티커를 붙여 희소성을 높이고, 크리스마스 테마의 팔찌와 키링 만들기 키트를 구매해 만들고 완제품으로 되팔기로 하였다.

세 학교 아이들은 상품을 얼마에 팔 것인지 가격도 직접 정했다. 상품 가격은 1,000원에서 3,000원 사이로 책정하자고 선생님들끼리 미리 협의한 부분이었기에, 아이들은 그 범위 안에서 판매할 상품의 가격을 정했다.

"우리 제품 가격은 얼마로 하면 좋을까요?"

말이 끝나기 무섭게 한 아이가 호기롭게 대답했다.

"오만 원이요! 무조건 비싸게 팔 거예요!"

"가격을 그렇게 정해도 될까? 같은 팀 친구들과 토의해보자."

팀별로 가격 책정 토의 시간을 거친 후 그 아이에게 다시 물어보니 아무래도 2,000원이 좋겠다고 바꾸어 말했다. 가격이 비싸면 소비자들이 많이 사지 않을 것이고, 너무 저렴하게 판매하면 이득이 남지 않으므로 가격은 적당해야 한다는 것이었다. 아이들이 토의하면서 고민한 후 내린 현명한 결론이었다.

가격을 정한 후, 아이들은 팀별로 제품 홍보전략을 세웠다.

"홍보 또한 생산의 중요한 과정이에요. 왜 그럴까요?"

"홍보를 잘하면 제품을 더욱 돋보이게 할 수 있고, 사람들이 더 많이 살 것 같아요."

"그렇다면 홍보 전단지나 영상에는 어떤 내용이 있어야 할까요?"

"사람들이 사고 싶은 마음이 들도록 상품 설명을 잘 해야 해요."

이렇게 홍보가 필요한 이유, 홍보전략을 세우는 방법 등을 이야기 나눈 후 각 팀에서는 회의를 통해 실제로 어떻게 홍보지를 만들지, 어떻게 홍보영상을 찍을지, 역할 분담을 어떻게 할지 등을 의논하고 홍보지와 영상을 제작했다.

홍보지를 만들고, 영상을 제작하는 데 대략 3~4시간 정도 소요됐다. 아이들이 팀에서 의논한 대로 최대한 자율적으로 만들 수 있게 하되, 선생님들은 한 번씩 중간 점검을 하며 중요한 부분을 짚어주었다. 협력하는 과정에서 크고 작은 갈등이 생기면 중재를 도와주고, 과제를 잘 완수할 수 있도록 계속해서 피드백해 주었다.

아이들이 완성한 홍보영상을 살펴보니, 아이들이 마치 쇼핑호스트처럼 나와서 상품의 특징을 세세하게 설명해주고, 상품을 직접 사용하는 모습을 보여주기도 하면서 나름 아주 열심히 영상을 찍은 걸 알 수 있었다. 아이들이 직접 기획하고 출연해서 조금 허술한 부분은 있어도, 매우 진지하게 임하는 모습이 보기 좋았다.

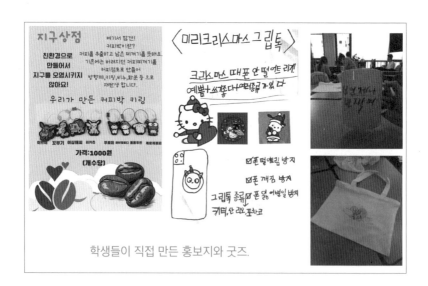

학생들이 직접 만든 홍보지와 굿즈.

장사를 준비하는 과정에서 어려운 점이나, 기억에 남는 점이
있었나요?

 순호쌤

1년 동안 학급을 운영하다 보면 꼭 눈에 밟히는 아이가 한두 명씩 있어요.
우리 반 함월이(가칭)는 모든 활동에 있어 적극성을 전혀 보이지 않고, 흥
미를 느끼지 못하며 언제나 자신감이 부족한 아이였어요. 이 아이가 무언
가에 몰입해서 열심히 하는 것을 보는 것은 1년 중 손에 꼽을 정도이지요.
프로젝트 수업을 진행하다 보면 이런 아이들이 활동을 즐겁게 하는 모습
을 볼 때가 있어요. 친구들의 등쌀에 못 이겼거나, 정말 이 활동이 지루한
공부로 느껴지지 않고 재미있기 때문이죠. 함월이는 자기 모둠이 만든 머
그컵을 들고 멋쩍은 듯이 웃으며 물건을 소개하고 있었어요. 이 영상을 볼
사람이 누구일지 모를 상황에서 용기를 내어 말하는 시점, 그때가 학생의
자기효능감을 회복하는 시작점이자, 역량을 키워 줄 작은 씨앗을 심어 줄
수 있는 극적인 시간이라고 생각해요.

초등학교 교사는 잘 만들어진 작품, 영상을 보는 것보다 이런 작은 가능성
에 흥분하고 보람을 느껴요. 저도 그래요. 작품을 제작하고 만들며, 홍보
영상을 만드는 과정에서 아이들은 분명히 성장하고 있었어요. 프로젝트
수업 도입부에 선생님이 늘어놓은 다소 황당한 설정에도 불구하고 어려
울 것만 같던 과제들이 어느 정도 해결되고 있다는 순간, 아이들은 배움의
즐거움을 느꼈을 것이라 믿어요.

 아름쌤

아쉽게도 설렘과 기대에 찬 프로젝트 수업의 시작과 달리, 장사를 준비하
는 과정은 그리 즐겁지만은 않았어요. 앞선 프로젝트 수업과 학교의 큰 행

사를 연이어 치르며 조금의 휴식도 없이 시작하다 보니 또다시 새로운 것을 만들어 내는 것이 부담스럽고, 이미 아이들 속에 다 있지만 그것을 끄집어내기에는 많이 지쳐있었거든요. 다시 아이들을 움직일 새로운 자극이 필요했어요. 그래서 생성형 AI를 사용해 보기로 했지요. 전체 학생을 대상으로 프롬프트를 작성하는 방법을 설명하고 2인 1조로 짝을 지어 몇 가지 예시 질문을 함께 작성하고 응답을 확인해 보았어요. 그리고 AI가 응답한 내용을 바탕으로 구체화하는 질문을 반복하며 필요한 정보를 수집했어요. 판매 물건을 선정하는 과정은 학급 회의를 통해 진행되었으며, 학생들은 생성형 AI를 통해 찾은 자료를 바탕으로 아이디어를 제시하였고, 덕분에 학생들의 피로도도 조금 줄어드는 것 같았어요.

 윤서쌤

프로젝트 수업을 설계할 때 교사가 정한 부분이 아무래도 많으니까, 세부적으로 무엇을 어떻게 사고팔 것인지는 아이들과 함께 정하고 싶어서 의논을 많이 했어요. 우리 반 아이들은 환경 문제에 관심이 많은 편이거든요. 그래서 우리 반 콘셉트를 '친환경 옥서 마켓'이라고 설정하고, 모둠별로 물품 종류와 가격을 정했어요. '뭐 하면 좋을까? 어떻게 해볼까?' 이런 질문을 자꾸 던지고, 아이들에게 결정하도록 하는 건 제가 가진 나름의 협상 기술이에요. 뭐든 남이 시키는 대로 하면 재미가 떨어지는 법이니까 아이들에게 자신의 의견에 따라 수업 활동을 조절할 수 있는 주도권을 주는 거죠.

아, 이건 제가 제안했어요. 아이들에게 쇼핑 지원금을 모으자고 했거든요. 무슨 일을 하면 얼마의 돈을 벌지 의논해서 같이 정했어요. 점심 급식을 남기지 않고 먹으면 300원, 주변 청소를 깨끗하게 하면 200원, 분리수거를 잘하면 400원, 홍보물과 홍보영상을 만들어서 선생님에게 팔면 500

원을 줬어요. 아이들은 돈을 모을 때마다 가계부를 써서 쇼핑 지원금을 직접 관리했어요. 가계부를 어찌나 잘 쓰던지…. 100원의 오차도 없고 잊어버리지도 않고 꼬박꼬박 챙기더라고요. 이런 장치들이 아이들이 '생산과 소비'라는 개념을 체득하는 데 큰 역할을 했다고 봐요.

장사 개시(라이브 마켓 열기)

라이브 마켓 D-1

라이브 마켓 하루 전, 아이들이 만든 홍보지와 홍보영상을 모아 패들렛에 올리고 세 학교 간에 공유했다. 아이들에게 패들렛 주소를 알려주자, 아이들은 각자 QR코드를 찍고 패들렛에 들어가 다른 학교에서 올린 상품 홍보지와 홍보영상을 살펴보았다. 지금까지 '생산자'로서 어떤 상품을 어떻게 잘 팔 것인지 고민했다면, 이제는 판매자인 동시에 '소비자'로서 어떤 상품을 살지 꼼꼼하게 살펴보고 고민해 보는 시간이다.

상품을 살펴보다가 궁금한 점이 있으면 패들렛 게시물에 댓글을 달아 판매자에게 물어보라고 알려주었더니 각 반의 게시물 밑에 질문 댓글이 하나둘씩 달리기 시작했다. 아이들의 질문은 제법 예리했다. 티셔츠를 판매하는 달빛 연구소 마켓에는 '티셔츠 치수가 어떻게 되는지', '작은 치수도 주문할 수 있는지', 물병을 판매하는 마켓에는 '물병에 붙인 캐릭터 그림이 물에 젖었을 때 떨어지지는 않는지', 양치 용품을 판매하는 지구샵에는 '고체 치약을 어떻게 사용하는지' 등의 질문 댓글이 달렸다.

각 마켓의 판매자들은 그 댓글을 보고 또 답변 댓글을 달아주었다. 티셔츠 치수는 S, M, L 중에서 선택할 수 있고, 물병에 붙인 캐릭터 그림은 방수 스티커로 제작되어 물에 젖어도 떨어지지 않고, 고체 치약은 칫솔질하기 전에 입에 넣고 녹여서 쓰면 된다는 등의 답변 댓글이 달렸다. 아이들은 진짜 어느 쇼핑몰의 운영자가 된 것처럼 '질문해 주셔서 감사합니다. 많이 구매해 주세요!'라는 친절한 설명도 덧붙이며 답변을 달아 주었다. 아이들의 모습에서 슬슬 장사 천재의 모습이 보이기 시작했다.

이렇게 생산자인 동시에 소비자가 된 아이들은 두 가지 역할을 모두 해보며 '생산'과 '소비'라는 두 개념의 관계를 자연스럽게 배우고 있었다.

장사 천재 Q&A 패들렛

라이브 방송 D-day

드디어 라이브 마켓을 여는 날, 세 학교 아이들이 온라인으로 만났다. 아이들은 모둠별로 한 카메라 앞에 옹기종기 모여 앉아 줌에 접속했다. 다른 학교 친구들의 얼굴이 화면에 등장하자 아이들이 감탄사를 연발했다.

"오! 오! 우와!"

온라인이지만 사람들이 바글바글한 활기찬 마켓의 느낌이 물씬 풍겼다. 시끌시끌한 분위기가 조금 진정되자, 한 학교씩 순서대로 돌아가며 친구들에게 인사를 하고 각자의 상품을 간단히 소개했다. 아이들은 긴장했는지 말도 버벅거리고 멋쩍어했지만, 화면 속 친구들이 귀 기울여 주는 모습을 보며 열심히 상품 소개를 했다. 옥서초의 제로웨이스트 물품, 방어진초의 미리 크리스마스 소품, 함월초의 관계 감성 물품까지 소개를 마치고 상품에 대해 궁금한 점을 질문하고 답변했다. 상품을 자세히 보여줄 수 있냐는 질문에 카메라에 상품을 비춰 자세히 보여주기도 하고, 티셔츠 치수도 알려주기도 하고, 서로의 얼굴을 보며 상품 Q&A 시간을 가졌다.

상품 Q&A뿐 아니라 엉뚱한 질문이 나오기도 했다. '방어진초 학생들이 홍보영상에서 미리 크리스마스 소품을 통해 친구, 연인과 따뜻한 크리스마스 보내라고 했는데, 방어진초 학생들은 다들 연인이 있나요?' 라는 질문에 방어진초 학생들은 격하게 손사래를 치며 부인했다. 그 모습에 다들 웃음이 터져 나왔다.

라이브 방송을 마치고, 현명하게 선택하는 방법을 다시 짚기 위해 아이들에게 활동지(평가지)를 나누어주었다. 나에게 꼭 필요한 물건인지,

가격이 적당한지, 디자인이 마음에 드는지, 튼튼하고 오래 쓸 수 있을 것 같은지, 환경을 생각한 물건인지 등을 고려해서 자신만의 선택 기준을 세 가지 정하고 우선순위를 정했다. 우선순위에 따라 사고 싶은 물건에 점수를 매겨보고, 가장 높은 점수를 받은 물건을 자신이 가진 금액 내에서 사기로 했다. 사고 싶은 물건을 결정하면 선생님들이 미리 만들어 둔 주문서(구글 설문)를 통해 상품을 주문했다. 주문을 마친 후에는 활동지(평가지)에 자신의 선택을 돌아보면서 자신이 합리적인 선택을 했는지 다시 정리했다.

합리적 기준을 세워 물건 선택하기

물건 선택하고 주문하기

우리는 아이들이 활동지(평가지)에 적은 내용을 살펴보고 아이들이 선택 기준에 따라 상품 점수를 매길 수 있는지, 총점에 따라 구매 여부를 결정할 수 있는지, 물건을 구매한 까닭을 합리적으로 설명할 수 있는지를 평가하였다.

라이브 마켓 그 후

각 학교에서는 주문을 완료한 후, 다른 학교에서 들어온 주문서를 받아서 총 수량을 파악하고, 상품을 얼마나 더 제작할지 정했다.

"선생님, 우리 마켓에 주문 진짜 많이 들어왔어요!"

누군가 자신들이 준비한 상품을 주문해 주었다는 사실에 감격한 아

상품 포장과 쪽지

이들은 이전보다 더 정성스럽게 상품을 제작하고, 포장까지 열심히 했다. 제작한 상품을 종이봉투에 담고 우리의 상품을 받을 친구들을 떠올리며 마음을 담아 쪽지와 편지도 써서 붙였다.

'사랑하는 이ㅁㅁ님께, 안녕하세요? 제로샵입니다. 요즘 날씨가 추운데 몸조심하시고 있나요? 저희 제로샵은 친환경 종이봉투를 사용합니다. 우리 함께 지구를 지켜요!'

진정 장사 천재로 거듭난 아이들은 포장까지 꼼꼼하게 완료했다.

며칠 후, 선생님들은 아이들이 포장한 상품을 한 상자에 모아 다른 학교에 전달했다. 아이들은 자신이 주문한 상품이 언제 배달되나 목이 빠질 듯 기다리고 있다가, 도착한 상품을 보고 환호성을 질렀다. 상품에 붙여진 쪽지와 편지를 읽어보고 감동한 아이들도 있었다. 본인의 선택에 만족하는지 물어보니 두말할 것도 없이 너무 잘 샀다며 입을 모아 말했다.

장사 천재 라이브 마켓은 어땠나요?

 순호쌤

라이브 마켓을 진행할 때, 함월초 선생님들에게 이 수업에 대하여 공개할 예정이니 시간이 되시는 분들은 참관하셔도 된다고 했어요. 감사하게도 교감 선생님과 동학년 선생님이 수업을 보러 오셨고, 아이들이 화상 회의라는 상황에서 집중력이 흐트러지지 않는 것에 높이 평가해 주었어요. 줌 화상 회의를 진행할 때 다소 분위기가 어수선했지만, 수업에서 집중력을 잃고 벗어나는 아이들은 없었어요. 줌 수업을 진행하며 다른 학교에 질문을 주고받은 장면은 이 수업의 백미였어요. 라이브 마켓에서 못 다룬 질문은 패들렛을 통해 답하도록 했는데 이 또한 좋은 선택이었던 것 같아요. 아이들은 패들렛에 다른 학교 학생들이 달아준 질문 하나에 즐거워하며 성심성의껏 답해주었어요.

물건 주문서가 들어온 순간 아이들의 희비가 엇갈렸어요. 많은 주문을 받은 모둠은 너무 행복해했고, 주문을 받지 못한 모둠은 속상해 했어요. 모둠끼리 물건 판매에 대해 경쟁적인 상황을 만들지 않기 위해 적절한 장치를 만들어 두기는 했지만, 물건 수량이 차이가 나는 점은 어쩔 수 없었어요. 학교에서의 모든 활동이 아이들을 기분 좋게 만들어 줄 필요는 없다고 생각해요. 속상함을 통해 아이들은 성장하고 배울 수도 있기 때문이에요. 적은 주문이라도 정성껏 포장하는 아이들은 너무나도 예뻐 보였어요. '내가 좀 사줄걸!' 하는 생각도 들었어요.

 아름쌤

우리 아이들의 긴장한 모습에 무사히 잘 마칠 수 있을까 걱정스러움을 안고 드디어 라이브 방송이 시작되었어요. 하지만 걱정도 잠시, 화면 속 다른 학교 학생들의 환호와 밝은 표정에 우리 아이들도 금세 활기찬 분위기를 되찾을 수 있었어요. 그리고 학교별로 돌아가며 제작한 물건을 소개하고 질문하는 과정에서 어느새 아이들은 그 어느 때보다도 진지한 태도와 적극적인 자세로 활동에 참여하고 있었어요.

40여 분간의 세 학교의 만남이 끝나고 반 아이들에게 소감을 물었고, 한 아이가 말했어요.

"선생님, 우리 다시 할 수 있어요?"

이게 무슨 말이지? 평소에도 수업에 적극적으로 참여하고, 이번 프로젝트 수업에서는 아이들이 꺼렸던 홍보영상 촬영을 자진했던 학생의 입에서 나온 말에 많은 생각이 들었어요.

"더 잘할 수 있는데 적당히 하려고 했던 것 같아 후회돼요."

그리고 하나둘 다른 아이들도 그 친구의 말에 동의하는 말을 쏟아냈어요.

"맞아요, 너무 아쉬워요. 우리 다시 해요."

2020년 코로나와 함께 입학한 우리 아이들은 많은 부분에서 경험이 부족했어요. 그래서 비록 짧은 시간이지만 다양한 기회와 성공 경험을 주고 싶었어요. 시작은 미숙했지만 조금씩 성장하는 아이들의 모습이 대견스러웠고, 스스로가 자신의 부족함을 느끼고 나아가고자 다짐하는 모습을 보니 참 감사한 마음이 들었어요.

 윤서쌤

라이브 마켓을 하려니까 긴장이 좀 되더라고요. 기술적인 문제가 발생하지 않을까, 생각한 대로 잘 될까? 걱정을 안고 라이브 방송을 시작했는데, 아니나 다를까 우리 반 친구들의 물건 소개 차례에서 소리가 송출되지 않았어요. 그래서 허둥지둥 문제를 해결하느라 진땀을 흘렸어요. 다른 반 아이들이 기다리고 있을 생각을 하니까 마음이 급해지더라고요. 어떻게 해결하긴 했지만, 왜 이런 돌발 상황을 대비해 두지 않았을까 자책하게 되더라고요. 그런데 아이들은 마냥 즐거웠나 봐요. 다른 학교 아이들이 물건을 소개하고 발표하는데 그 화면으로 빨려 들어갈 것 같았어요. 다른 학교 아이들을 만나니까 신기했대요. "방어진초에는 다들 연인이 있나요?" 그 질문을 우리 반 아이가 했는데, 아이들도 깔깔 웃고 저도 한참 웃었어요. 함월초 학생이 샴푸바 어떻게 생겼는지 물어보니까 자세히 보여주겠다고 유튜버처럼 샴푸바 뒤에 손바닥을 대고 초점을 잡아서 카메라에 보여주는데 그 모습도 웃기더라고요.

그렇게 한참을 웃으며 방송을 끝내고 나니 가장 중요한 것이 남아 있었어요. 합리적 기준을 세워서 무엇을 살지 결정하는 거요. 다시 정신을 가다듬고 아이들과 함께 기준을 정하고, 주문서를 작성했어요. 아이들마다 무엇을 살 때 중요하다고 생각하는 기준이 다 다르더라고요. 어떤 아이는 실제로 필요한지를 가장 중요하게 생각하고, 어떤 아이는 무조건 디자인이 귀여워야 한대요. 이렇게 기준을 세워서 소비하는 연습을 해보는 것, 정말 필요한 교육이라고 생각했어요. 왜냐면 저도 가끔 비합리적이고 무계획적인 소비를 하거든요. 누가 만든 수업인지 정말 좋은 수업인 것 같아요.

프로젝트 수업 돌아보고 마무리하기

'장사 천재 프로젝트'를 마치며, 프로젝트 수업을 통해 배운 내용과 소감을 나누는 시간을 가졌다. 장사 천재 프로젝트를 하면서 생산자로서, 또 소비자로서 무엇을 느꼈는지, 중요한 개념인 '자원의 희소성'과 '현명한 선택'에 대해 얼마나 이해하고 있는지, 프로젝트 수업을 하면서 재미있었던 점이나 아쉬운 점을 이야기하고 이를 바탕으로 각자 에세이를 썼다.

에세이 한 장을 다 쓸 수 있겠냐고 약간의 걱정을 담아 물어보자, 아이들은 쓸 말이 너무 많으니까, 그건 걱정하지 말라고 말했다. 실제로 많은 아이가 종이 한 장 가득 빽빽하게 채워서 에세이를 제출했다.

장사 천재 프로젝트가 아이들에게 무엇을 남겼을까? 아이들이 쓴 글을 모아 읽어보았다.

'나는 커피박 키링 생산자였는데, 만들 때 색을 좀 더 잘 칠해서 만들 었으면 좋았을 것 같다. 그래도 내가 만든 키링을 다른 친구들이 사줘서 너무 뿌듯했다.'

'현명한 선택을 알게 됐다. 예를 들어, 내가 4,000원이 있는데 티셔츠 도 4,000원이고, 머그컵도 4,000원이라면 무엇을 살지 잘 생각해서 정 하는 것이다. 나는 머그컵을 살 것이다. 왜냐하면 티셔츠는 내가 몸이 더 커지면 못 입지만 머그컵은 내가 깨트리지만 않는다면 오래 쓸 수 있 기 때문이다.'

'생산자로서 상품을 제작할 때는 처음에는 예쁘게 만들자고만 생각했 는데, 막상 사보니 디자인보다도 나에게 꼭 필요한 물건인가? 이게 중 요한 거라는 걸 알았다.'

'이번 프로젝트 수업은 내가 생산자도 되고, 판매자도 될 수 있는 진 짜 특별한 수업이었다. 내가 우리 팀 리더가 돼서 홍보영상 시나리오도 짜고, 영상도 찍었는데 홍보를 열심히 해서 우리 상품이 더 잘 팔린 것 같다.'

아이들이 한 글자 한 글자 써 내려간 에세이를 읽으니, 아이들이 무 엇을 배우고 느꼈는지가 보였다. 일단, 우리가 가르치고 평가하고자 의 도했던 개념과 지식을 제대로 이해하고 있다는 걸 알 수 있었다. '우리 의 프로젝트 수업이 목적지에 잘 도착했구나' 하는 안도감도 들었다. 그 것뿐만은 아니었다. 장사 천재 프로젝트를 하면서 아이들이 꼭 경험했 으면 좋겠다고 생각한 것들, 가령 판매자로서 물건을 잘 판매했을 때 뿌 듯함, 앞으로 현명하게 소비해야겠다는 다짐, 친구들과 함께 협력해서 과제를 잘 해냈을 때 느낀 즐거움 등 아이들이 이런 경험을 했다는 것을 알게 되니 멋진 여정을 완수했다는 기쁨으로 장사 천재 프로젝트 수업을 마무리할 수 있었다.

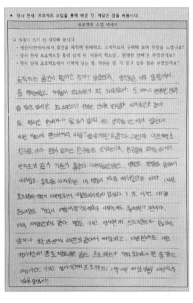

프로젝트 성찰 에세이

프로젝트 수업을 평가에 반영하기

프로젝트 수업은 이렇게 마무리했지만, 우리에겐 할 일이 한 가지 더 남았다. 바로 프로젝트 수업의 결과를 평가에 반영하는 것이다. 프로젝트 수업을 진행하면서 관찰한 내용을 기록한 체크리스트, 수행평가지, 성찰 에세이 등을 종합하여 평가 결과를 사회 교과 학습 발달 상황에 다음과 같이 서술했다.

김○○ 상

'장사 천재' 프로젝트 수업에 참여하여 경제 원리인 생산과 소비에 대해 알아보고, 모의 경제활동을 통하여 생산자와 소비자가 물건을 사고 팔 때 자원의 희소성이 선택에 있어 어떠한 영향을 미치는지 이해함. 생산자로서 라이브 마켓을 준비하는 과정에서 자원의 희소성에 의해 물건의 가치가 결정됨을 이해하고 친구들이 좋아할 만한 희소성 있는 물건과 디자인을 결정하는 데 자신의 의견을 적극적으로 내세우며 모둠 토의를 주도하는 모습이 훌륭함.

박○○ 상

생산과 소비의 개념을 알고, 자신의 경험을 바탕으로 자원의 희소성으로 인하여 선택의 문제가 발생함을 이해함. 현명한 선택을 위해 소비자로서 가져야 할 태도에 대해 공부하고, 모의 경제활동 라이브 마켓에 소비자로 참여하여 자신이 정한 우선순위에 따라 물건을 선택하고 현명하게 소비함. '장사 천재' 프로젝트 수업 전 과정에 적극적인 태도로 참여하고, 실생활에서도 자원의 희소성에 따른 현명한 소비 생활을 실천하고자 노력함.

정○○ 상

'장사 천재' 프로젝트 수업의 의도를 바르게 파악하고 생산과 소비 등 관련된 경제 개념을 정확하게 이해함. 자원의 희소성으로 인해 선택의 문제가 발생함을 잘 이해함. 라이브 마켓 후 주문할 때 합리적인 선택 기준을 세워 그 기준에 따라 구매할 물건을 정함. 팀의 리더로서 라이브 쇼핑 마켓 할 때 적극적으로 나서서 상품을 소개했으며 모든 과제 수행에 주도적인 자세로 임함. 프로젝트 수업 에세이를 쓸 때 생산자로서의 모습과 소비자로서의 모습을 자세히 성찰하며 프로젝트 수업을 통해 탐구한 내용을 실생활과 연계하고 스스로 정리함.

김○○ 중

생산과 소비를 바르게 구분하고 실생활에서의 예를 찾을 수 있음. 자원의 희소성과 관련된 경험을 바탕으로 선택의 문제가 발생함을 바르게 이해함. '상사 천재' 프로젝트 수업에 직극직인 자세로 참여하였으며 성실한 자세로 모둠 토의에 임함. 모둠에서 생산한 상품을 홍보하는 데 좋은 아이디어를 제안함. 소비자로서 현명한 선택을 하기 위해 자신만의 우선순위를 정하여 상품을 구매함. 일상생활에서도 현명한 선택을 하겠다고 다짐하며 배운 내용을 실천하고자 노력함.

장사 천재 프로젝트를 해보고 어떤 점을 느꼈나요?

 순호쌤

거의 모든 학생은 합리적인 기준을 바탕으로 물건을 선택했어요. 우리가 만든 채점 기준에 따라 합리적인 기준을 잘 세웠는지, 자신의 선택이 어떤 기준과 관련 있는지 설명하도록 했어요. 이 수업에서 다소 아쉬웠던 점은 경제생활을 경험하는 것이 어쩔 수 없이 모의 상황으로 진행되었다는 점이에요. 아이들이 실제 돈을 모으고, 학교 앞에 있는 시장에 가서 그 돈을 이용해 직접 물건을 사보면 어땠을까 하는 생각도 들었어요.

그럼에도 불구하고 이 프로젝트 수업은 우리 반 아이들의 기억에 많이 남을 것 같아요. 다른 학교에서 함께 공부하고 자라고 있는 친구들이 있다는 것을 알고, 얼굴 한번 안 보고 지나칠 수 있는 수많은 인연 중 몇 명의 아이들을 컴퓨터 모니터를 통해 만나보았다는 것은 잊을 수 없는 기억이 될 것이에요. 4~50명의 초롱초롱한 눈을 가진 아이들이 같은 주제로, 같은 시간에, 같은 목표를 가지고 온라인에서 만난 경험은 저 또한 한동안 잊지 못할 것 같아요.

 아름쌤

이번 프로젝트 수업에서 저와 아이들에게 많은 배움과 깨달음이 있었어요. 프로젝트 수업 설계 단계에서의 평가계획이 우리가 가야 할 목적지를 명확하게 해주어 운영 과정에 있어 방향성을 잃지 않도록 해주었고, 아이들이 서술한 마지막 평가 문항을 통해 교사뿐만 아니라 아이들도 무사히 목적지에 다다랐음을 알 수 있었지요. 언젠가 체계적인 평가 기준안과 도구를 만들어 수업해 보고 싶다 생각했지만, 오롯이 혼자 만들어나가기엔 부담이 있었어요. 과연 내가 전문가인가라는 두려움 때문이었던 것 같아요. 함께 하는 다른 선생님이 아니었다면 올해도 시도하지 않은 채 생각에 그치고 말았을 거예요.

동료 선생님과 함께 할 수 있었기에 도전할 용기와 배움을 얻을 기회를 가질 수 있었어요. 또한 우리 아이들도 다른 학교 친구들과 함께 할 수 있었기에 그동안 느끼지 못했던 것들을 깨닫고 성장할 수 있었고요. 저와 우리 아이들 모두 '함께'하는 것의 가치를 알고 앞으로도 이어 나갈 수 있었으면 합니다.

윤서쌤

세 학교가 어떻게 이런 콜라보 프로젝트를 해낼 수 있었을까 싶어요. 세 학교의 콜라보 프로젝트가 잘 이루어졌던 것은 '따로 또 같이'의 균형이 있었기 때문이라고 생각해요. 우리는 세 학교에서 공통으로 다룰 내용을 정해서 함께 나갈 방향을 잡고, 세부 내용은 각 반의 상황과 요구에 맞추어 자율적으로 정했거든요. 이렇게 따로 또 같이 수업을 설계하고 진행함으로써 세 학교가 서로 다른 빛깔로 이 수업을 만들어 낼 수 있었다고 생각해요.

사실, 저는 지금까지 프로젝드 수업을 여러 번 헤보면서 평가를 이렇게 체계적으로 해본 적이 없었어요. 교-수-평-기 일체화가 중요하다고 하지만 혼자 힘으로 실행하기에 너무 버겁더라고요. 막연히 '수업을 재밌게 하면 아이들이 저절로 그 안에서 무엇을 배우지 않을까, 아이들이 찾아내지 않을까.' 하는 환상을 가졌던 것 같기도 해요. 이번에 장사 천재 프로젝트를 하면서 그간 미뤄두었던 숙제를 해결한 것 같아요. 명확한 방향을 설정해서 그 길을 아이들과 함께 가는 거요. 수업은 재밌고 즐거운 것이지만 그 즐거움에 의미가 있으려면 '평가'를 놓쳐서는 안 된다는 것도 알았어요.

수업은 하면 할수록 저의 도전 의식을 자극하는 것 같아요. 도전하는 순간 힘은 들어도 도전하는 만큼 교사로서 나의 시각은 넓어지고 깊어지기에 이 도전을 계속하게 되네요. 이번 프로젝트 수업을 통해서 또 많이 배웠습니다.

우리 동네 프로젝트 수업 만들기 - 계획

"너희들~프로젝트 수업 처음이지? 선생님도 2학년 프로젝트 수업은 처음이야!" 나는 2학년을 맡고 있는 '소현쌤'이다. 올해 우리 연구회에는 2학년 담임 교사가 없어서 혼자서 프로젝트 수업을 만들어야 했다. 프로젝트 경험이 없는 저학년을 대상으로 한 프로젝트 수업, 과연 무사히 해낼 수 있을까 걱정이 앞섰다. 연구회의 여러 선생님이 같은 학년끼리 모여 화기애애하게 협동 수업을 준비하는 것을 지켜보면서 나 홀로 고군분투 우당탕탕 '우리 동네 프로젝트 수업'을 하려니 외롭다는 생각도 들었다.

2학년에서 프로젝트 수업이라니? 주제 정하기

이번 프로젝트 수업의 전체 과정에서 가장 힘들었던 부분은 주제 선정이었다. 여러 선생님과 프로젝트 수업에 관한 이야기를 하면 항상 나오는 질문이 있다.

"저학년은 이미 특정 주제로 여러 교과를 합쳐 구성된 통합 교과가 있는데 프로젝트 수업을 굳이 할 필요가 있나요?" 그 고민을 내가 하게 될줄이야. 자칫 잘못하면 프로젝트를 위한 프로젝트 수업이 될지도 모른다는 걱정이 앞서기 시작했다. 그래서 프로젝트 수업으로 진행했을 때 의미가 있을 뿐 아니라 학습 성취가 극대화될 수 있는 성취기준과 키워드를 찾는 것이 중요하다고 생각했다.

그러던 중 특정 단원이 눈에 들어왔다. '아하! 통합 교과서 가을의 〈우리 동네〉 단원이 적합할 것 같은데' 막막했던 마음에 희망의 불빛이 비치는 듯했다. 초등학생 시절, 이 단원에서 제시된 수많은 숙제 때문에 우리 부모님께서 제법 고생하셨었는데 여전히 그때와 같은 활동으로 전개되고 있음을 발견했다. '마을 직접 둘러보기', '우리 동네 그림지도 그리기' 등 아이들이 스스로 하기는 다소 힘들기에 성인의 도움이 필요한 활동들이다. 그렇다면 우리 반 학생들에게 이 단원을 어떻게 학습시킬 것인가. 20년 진 담임선생님처럼 모든 활동을 숙제로 넘기기엔, 이른의 도움을 받아 숙제할 환경이 되지 않는 우리 반 아이들이다. 그렇다고 직접 학생들을 학교 밖으로 데리고 나가기엔 걱정되는 부분이 너무나도 많다. 보차분리가 되지 않은 무수한 골목 한가운데 위치한 학교 주변을 아이들과 활보할 생각을 하니 엄두가 나지 않는다. 그렇다면 답은 하나, 이 단원의 활동들을 재구성할 수밖에 없다는 결론에 다다랐다. 그렇게 이번 프로젝트 수업의 키워드는 '우리 동네'가 되었다.

이 키워드를 성취기준과 어떻게 연결하면 좋을지에 대한 답은 수학 과목에서 금방 찾을 수 있었다. 학생들이 낯설어하며 힘들어하는 개념인 '표와 그래프'와 관련된 성취기준을 우리 동네에 자연스럽게 녹여서 제시하면 학습 효과가 극대화될 것이라는 확신이 들었다. 이전에 다른 학년에서 같은 학습 개념의 성취기준으로 프로젝트 수업을 잘 해냈던 경험도 있었기에 더할 나위 없이 좋았다.

우리 동네 프로젝트 수업 설계

활동 계획

'우리 동네'라는 주제를 정하고, 표와 그래프라는 소재도 정하고 나니 세부적인 활동 내용과 순서를 정하는 것이 남았다. 프로젝트 수업의 대략적인 흐름은 우리 동네와 관련된 여러 정보를 학생들이 표, 그래프, 그림지도로 재구성하는 과정을 통해 자연스럽게 우리 동네에 대해서 학습하는 것이다.

그 과정에서 아이들이 실제로 마을을 경험하는 것보다 더 효과적으로 학습 내용을 익히는 것이 중요하다. 그러면서도 학생들이 학습 내용을 익히느라 지치지 않게끔 활동 흐름을 구성하였다. 그 결과, 다음 표처럼 프로젝트 수업을 계획할 수 있었다. 수석쌤의 도움도 받긴 했지만 혼자서 여기까지 해냈다는 사실에 뿌듯한 감정이 들었다.

'우리 동네' 프로젝트 수업 차시 수업 및 평가 계획

차시	수업 내용	평가 내용
1차시	프로젝트 수업 열기	
2차시	우리 동네 탐험하기	
3~4차시	우리 동네를 표로 나타내기	[과정·기능] 자료를 표와
5~6차시	우리 동네를 그래프로 나타내기	그래프로 나타내기
7~9차시	우리 동네를 그림지도로 나타내기	[가치·태도] 친구들과 협업하여 동네 지도 만들기
10~11차시	내가 바라는 우리 동네 모습 그리기	

12차시	프로젝트 수업 닫기	[지식·이해] 자료를 표와 그래프로 나타내면 편리한 점 말하기

평가 계획

이번 프로젝트 수업의 핵심은 평가였기에 수업 계획과 함께 평가도 계획하였다. 우선 프로젝트 수업을 통해 도달할 여러 성취기준을 근거로 '우리 동네를 살피고 이를 표,그래프, 그림 등으로 다양하게 표현하며 자료를 표나 그래프로 나타낼 때의 편리한 점을 설명한다.'라는 새로운 평가 준거 성취기준을 설정하였다. 이후 지식·이해, 과정·기능, 가치·태도 세 가지 영역별로 평가 요소를 구분하여 평가를 계획하였다.

[과정·기능] 영역에서는 표를 그래프로 나타내는 방법을 학습한 후, 해당 기능을 수행할 수 있는지를 우리 동네와 관련된 자료로 평가한다. 교사가 제시하는 우리 동네 여러 건물의 이름이나 사진을 분류 기준에 따라 나눈 후 이를 표와 그래프로 나타내도록 하였다. 평가 과정에서 학생들이 그냥 지나쳤을 법한 우리 동네에 대한 정보를 제공함과 동시에 일상생활에서 수집한 자료를 표나 그래프라는 방식으로 나타내는 과정을 경험하게 하기 위함이다.

[가치·태도] 영역에서는 지난 시간 동안 살펴본 동네의 모습을 그림으로 나타내고 이를 모아 학급 전체 단위의 그림지도를 제작하였다. 동네 지도 만들기를 할 때 친구들의 소통과 협업 정도를 관찰하여 평가한다.

[지식·이해] 영역에서는 전체 학습 과정을 바탕으로 자료를 표와 그래프로 나타낼 때의 편리한 점을 말하게 하여 학생들의 지식·이해도를

평가한다.

과제명	우리 동네를 살피고 이를 다양한 방법으로 나타내기		
성취 기준	[2수05-02] 분류한 자료를 표로 나타내고, 표로 나타내면 편리한 점을 말할 수 있다. [2수05-03] 분류한 자료를 O, X, / 등을 이용하여 그래프로 나타내고, 그래프로 나타내면 편리한 점을 말할 수 있다. [2슬05-03] 동네의 모습을 관찰하고, 그림으로 그려 설명한다. [2즐05-03] 동네 모습을 다양하게 표현한다. [평가 준거 성취기준] 우리 동네를 살피고 이를 표,그래프, 그림 등으로 다양하게 표현하며 자료를 표나 그래프로 나타낼 때의 편리한 점을 설명한다.		
성취 수준	상	중	하
	우리 동네의 모습을 살피고 표나 그래프, 그림 등으로 다양하게 표현하며, 표나 그래프의 편리한 점을 설명한다.	우리 동네의 모습을 여러 가지 방법으로 표현하며, 자료를 표나 그래프로 나타낼 때의 편리한 점을 안다.	동네 모습을 표현하는 활동에 참여하며, 자료를 표나 그래프로 나타내면 편리함을 안다.
평가 요소	채점 기준		평가 척도
우리 동네 자료를 분류하여 표로 나타내기 [과정·기능]	자료를 표에 주어진 항목에 따라 분류하고 표로 완성한다.		5
	자료를 표에 주어진 항목에 따라 분류하지만 어려움을 느끼고, 표를 완성하나 정확하지 않다.		3
	자료를 표에 주어진 항목에 따라 분류하지만 어려움을 느끼고, 표를 완성하지 못한다.		1

	표를 바탕으로 O, X, / 등을 이용하여 그래프를 완성할 수 있다.	5
우리 동네 자료를 그래프로 나타내기 [과정·기능]	표를 바탕으로 O, X, / 등을 이용하여 그래프를 완성하나 정확하지 않다.	3
	표를 바탕으로 O, X, / 등을 이용하여 그래프를 완성할 수 없다.	1
자료를 표나 그래프로 나타내면 편리한 점 말하기 [지식·이해]	자료를 표나 그래프로 나타내었을 때, 자료를 한눈에 알아볼 수 있어 편리함을 말한다.	5
	그래프가 경우 값의 많고 적음을 알아보기 편리함을 말한다.	3
	표가 전체 수를 알기 편리함을 말한다.	1
동네의 모습을 살피고 표현하기 [가치·태도]	우리 동네 모습의 특징을 살피고 동네 지도 만들기 활동에 적극적으로 참여한다.	5
	우리 동네 모습을 알고 동네 지도 만들기 활동에 참여한다.	3
	우리 동네의 모습을 그림으로 표현하는 활동에 참여한다.	1
평가 결과	상	중	하
	13점 이상	12~5점	4점 이하

우리 동네 프로젝트 수업하기 - 실행

우리 동네 프로젝트 시작

2학기를 시작하고 얼마 되지 않은 시점에 바로 우리 동네 프로젝트 수업을 시작해야만 했다. 교육과정 재구성이 비교적 원활한 다른 학년 다른 과목들과 달리, 2학년의 통합 교과는 학습 내용별 학습 시기가 정해져 있기에 우리 동네 프로젝트를 마냥 미룰 수 없었기 때문이다.

"이번 주부터 프로젝트 수업을 해봅시다."

이 한마디를 던지기 무섭게 25개의 질문이 꼬리를 물고 쏟아졌다. 프로젝트 수업을 경험해본 적이 없는 아이들에게 당연한 일이었다. 대체 프로젝트 수업은 무엇인지, 그걸 왜 해야 하는지, 어떻게 할 것인지, 못하겠거나 하기 싫으면 어쩔 건지 등 아이들의 질문에 답을 해주고 있자니 걱정이 앞섰다.

그러나 어쩌겠는가. 누군가는 이 아이들을 데리고 프로젝트 수업을 처음으로 해야 한다. 어쩌면 프로젝트 수업에 대한 선입견 없이 이 수업에 참여할 수 있으니 오히려 잘된 일일지도 모른다는 생각이 들었다. 거창한 결과보다는 프로젝트 수업을 해 나가는 과정에 집중하며 경험에 의의를 두자는 생각으로 마음을 다잡았다.

함께 배를 타고 갈 동료를 만든다는 생각으로 아이들에게 프로젝트 수업의 주제와 흐름 등을 설명해주었다. 수학 교과서와 가을 교과서를 같이 사용할 것이라는 말에 보이는 스물다섯 가지의 반응과 함께 우리 동네 프로젝트 수업은 시작되었다.

우리 동네를 알아보자

우리 동네 탐험하기

프로젝트 수업의 본격적인 첫 활동은 '우리 동네 탐험하기'이다. 교과서에서 제시된 기존 활동은 학교 주변을 직접 나가서 살펴보는 활동이었다. 하지만 학교 밖을 나서서 차가 오가는 골목들을 걸어 다니며 안전이 걱정되어 발을 동동 구르는 선생님과 함께 앞 친구만 따라 걷다 보면 제대로 동네를 살펴보기 힘들 것이라는 판단이 들었다. 그래서 안전한 환경에서 학생들이 충분히 상호작용하며 평소에 자신이 놓쳤던 동네의 모습을 살펴볼 수 있는 방법인 디지털 영상지도를 선택했다.

해당 활동의 교육 효과는 기대한 것 이상이었다. 안전한 교실에서 자유롭게 학교 주변을 살펴볼 수 있으며, 짧은 시간 동안 상당히 넓은 범위를 탐색할 수 있었다. 또한 학생들이 각자 관심 있는 공간에 대한 정보를 주고받으면서 상호작용이 이루어지는 학생 주도의 수업 분위기를 형성할 수 있었다. 우리 동네의 특정 장소를 함께 찾아보고 눈으로 볼 수 있으니 해당 장소에 대한 경험과 자신의 생각을 떠올리는 것도 어렵지 않았다. 학생들이 앞으로의 생활 속에서 계속해서 유용하게 쓰일 도구인 디지털 영상지도의 사용 방법을 익히는 장점도 있었다.

우리 동네 표로 나타내기

우리 동네 프로젝트 수업의 주 교과는 통합 교과이지만, 학습에 있어서 더 신경이 쓰이는 부분은 수학 교과의 학습 내용이었다. 초등 교육과정에서 표와 그래프라는 개념을 처음으로 접하기에 학생들이 어려워하는 부분이다. 자연스럽게 우리 동네라는 주제와 관련지으면서도 표와 그래프를 그리는 기능을 익힐 수 있는 절호의 기회라는 생각이 들었다. 무엇보다 이어지는 다음 차시에서 이루어지는 그래프 그리기 평가를 위해서는 표로 나타내는 기능을 충분히 익힐 필요가 있었다.

그래서 기존에 한 차시로 구성되어있던 학습 내용을 두 차시로 증배하여 구성하였다. 우선 교과서를 활용하여 자료를 분류하고 분류된 자료를 표로 나타내는 기능을 익히도록 하였다. 이후 우리 동네에 있는 여러 상호의 이름이 나열된 자료를 제시하여 기준에 알맞게 분류하고 표로 나타냈다. 이 과정에서 예상치 못한 질문이 쏟아졌다. "의원은 병원이에요?", "아귀찜은 음식이에요?", "학교 앞 분식집에 커피도 파는데 그럼 카페 아니에요?" 등의 질문에 당황스러우면서도, 순진무구하게 질문하는 모습에 웃음이 지어지기도 했다. 이런 점이 저학년과 함께 프로젝트 수업을 하는 묘미일지도 모른다고 생각했다. 기존에는 몰라서 스쳐 지나갔던 공간이 알아보고 싶은 공간으로 바뀌는 순간을 보면서 프

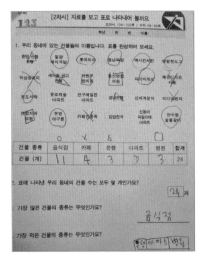
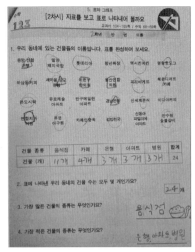

로젝트 수업의 유의미함을 느낄 수 있었다. 수학 시간이지만 우리 동네에 대해 자연스럽게 관심을 가지고 살펴보게 만들기, 우리 동네에 대해 알아보느라 정신이 팔려 낯설고 어려울 수학 개념을 거부감 없이 학습하게 만들기라는 교사의 큰 그림이 맞아떨어지는 순간이었다.

우리 동네 그래프로 나타내기

이어지는 학습 내용인 자료를 그래프로 나타내기 역시 전 시간에 이어 어렵지 않게 진행되었다. 지난 교직 생활 동안 3, 4, 6학년을 가르치며 그래프를 어려워하지 않은 학년이 없었는데, 오히려 2학년이 어렵지 않게 잘 따라오는 모습을 보니 너무나 대견하고 신기하기까지 했다.

이전 차시와 같이 표를 그래프로 나타내는 기능에 대한 연습은 교과서를 활용하여 이루어졌다. 그래프라는 개념 자체를 낯설어했지만 여러 예시를 보여주니 비슷한 것을 어디선가 본 적 있다는 반응들이었다. 표를 그래프로 그리는 과정도 여러 번 연습하니 금방 해냈다. 보면 볼수록 신기하다. 이후 과정 중심 평가로 1~4차시 동안 살펴보았던 동네 상호의 사진을 직접 분류하여 표로 정리한 후 이를 그래프로 나타내는 활동을 하였다. 그간의 활동에서 나를 힘들게 한 수백 가지의 질문을 성심성의껏 답변해준 덕인지 학생 대부분이 스스로 과제 수행을 완료하였고, 상당한 학습 성취도를 보여주었다. 한 학생의 '동네 사진을 스티커로 주시지 그러셨어요. 하나하나 자르고 붙이느라 손이 다 아파요.'라는 냉철한 피드백이 깃든 열성적인 결과물과 함께 우리 동네 그래프로 나타내기는 무사히 끝났다.

우리 동네 그림지도로 나타내기

지금까지의 활동들은 개인 활동에 느슨한 전체 상호작용을 곁들였다면, 이번 활동은 이번 프로젝트 수업에서의 유일한 협동 활동이었다. 각자 그리고 싶은 우리 동네의 모습을 그린 후 우리 반 전체 하나의 지도를 만들어 내는 대작업이었다. 그동안의 활동에서 살펴보았던 동네의 모습 중 각자 그리고 싶은 것을 선정하여 그리도록 하였다. 학교 주변에 있는 편의점을 서로 그리겠다고 싸웠던 옆 반의 이야기를 들었던 터라 다소 긴장하고 있었지만, 그동안 진행된 다양한 활동 덕분인지 각자 그리고 싶은 모습이 크게 겹치지 않고 다양했다. 본인의 집 주변에 있다며 신나게 단란주점, 유흥시설 등을 자세히 그려내는 아이들을 보며 당황스러운 순간들도 있었다. 친구가 그린 그림을 보며 저곳은 어떤 장소냐고 물어보는 옆자리 아이의 질문은 더욱 당황스러웠다. 교과서를 만든 사람은 아마 우리 동네와 같은 환경은 생각지도 못했으리라.

그림을 그린 후의 단계는 지도를 완성하는 일이다. 교사가 그려둔 대형 백지도에 아이들은 한 명씩 자신이 그린 그림을 알맞은 위치에 붙여야 했다. 하지만 입체를 평면으로 바꾸어 표현하는 활동에 대한 경험이 없고, 지도의 방위나 구성에 대해서도 전혀 모르는 2학년이기에 교사의 적극적인 도움이 필요했다. 그래서 학교를 가장 먼저 붙인 후 학교에서 가까운 곳을 그린 친구부터 먼 곳을 그린 친구 순서대로 한 명씩 나와 자신의 그림을 붙이도록 하였다. 학교를 중심으로 무엇이 어느 쪽에 있는지 나름대로 생각하면서 편의점도 붙이고, 분식집도 붙이고, 하나씩 붙여가며 지도를 완성했다. 정확한 방위나 위치를 알지 못해도, 머리 속으로 우리 마을의 모습을 그리면서 대략적인 장소와 위치의 개념을 형성할 수 있었다.

"선생님! 여기 이 횡단보도만 건너면 우리 집이에요!"

"어, 여기 주유소 있는 곳이잖아요! 여기에도 편의점 하나 있는데 그려서 붙여도 돼요?"와 같이 학습이 이루어짐을 알 수 있는 이야기가 들릴 때마다 드는 뿌듯한 마음은 어쩔 수 없는 교사의 본능이다. 지도 자체에 대한 학습이 의도된 교육과정은 아니었지만 학생들에게 자연스럽게 스며들고 있음을 확인할 수 있었다.

뿌듯한 건 교사만이 아니었다는 점도 재미있는 부분이었다. 완성된 그림지도를 복도에 걸어두자 아이들의 자랑 타임이 시작되었다. 옆 반 아이들에게 자신이 그린 부분을 굳이 소개해주거나, 같은 빌라에 사는 친구들끼리 옹기종기 모여 그림을 구경하거나, 6학년 형들이 보고 갔다며 뿌듯해하는 아이들까지 반응은 제각각이었다. 본인들이 만든 작품이라 교사가 따로 이야기하지 않아도 스스로 두세 번씩 자세히 살펴보는 모습이 나름 흐뭇했다.

내가 바라는 우리 동네 모습 그리기

사회 구성원으로서의 학습이 이루어지는 내용에서 강조되는 부분 중 하나는 구성원으로서의 공동체 의식을 가질 수 있도록 해주어야 한다는 것이다. 우리 동네를 살펴보는 것에서 그치는 것이 아니라 우리 동네를 위해 나는 무엇을 할 수 있을지, 우리 동네는 어떻게 되었으면 좋겠는지 등을 고민하는 과정 속에서 자신이 동네 구성원의 일원임을 느끼는 경험이 필요하다. 그래서 프로젝트 수업의 마지막 활동으로 자신이 바라는 우리 동네의 모습을 그려보는 활동을 제시하였다.

동네 주민으로서 우리 동네에 필요한 것에는 무엇이 있는지 자유롭게 이야기해 보도록 하였다. 지금까지의 활동들에서 동네의 상호를 위주로 살펴온 까닭인지 주로 가게에 관한 이야기가 많이 나왔다. 그중 단연 으뜸은 아이들 사이에서 유행인 탕후루 가게였다. 압도적으로 탕후루 가게만 나올 것 같았으나 의외로 아이들의 생활 측면에서 필요한 시설에 대한 요구도 나왔다. "우리 동네 체육 공원에 어린이를 위한 놀이터가 크게 있으면 좋겠어요.", "부모님이랑 다른 동네에 가봤는데 거기는 나눔장터를 했어요. 우리도 그런거 하면 좋겠어요." 놀기 바쁘고 군 것질하기를 좋아하는 아이들이 이런 생각도 한다는 것에 내심 놀랐던 순간이었다.

우리 동네에 생겼으면 하는 것들을 자유롭게 이야기한 후 그림으로 그려보았다. 건물 그림이 그려진 도안을 주고 건물 안의 모습을 채웠다. 본인의 가게를 차리듯 성의껏 가게를 그려내는 아이들의 모습을 보니 웃음이 절로 나왔다.

아쉬웠던 점이 있다면, 지난 차시에서 그림으로 동네를 표현하였으니 이번 차시에서는 결과물의 형식을 글이나 말로 제시하고 싶었으나 한글 미해득 학생이 상당수 있어 그러지 못했다는 부분이다. 교사와 아이들의 역량이 충분하다면 내가 꿈꾸는 우리 동네에서 살아가는 나의 모습을 그림일기와 같은 형식으로 표현하기 활동으로 대체해도 좋을 듯하다.

우리 동네 프로젝트 수업의 정리와 마지막 평가

마지막은 정리와 평가이다. 앞에서 진행되었던 [과정·기능] 영역, [가치·태도] 영역에 대한 평가에 이어 [지식·이해] 영역에서의 평가를 하였다. 저학년 평가 계획을 세우는 과정에서의 가장 큰 고민은 '무엇을' 평가하느냐보다 '어떻게' 평가하느냐였다. 한글 미해득자나 기본 학습 습관을 갖추지 못한 학생들이 상당수 있기 때문에 단순 지식을 묻는 지필

평가로는 학생이 실제로 알고 있는 정도를 정확히 파악하여 평가하기가 어렵다고 생각했다. 그래서 '자료를 표나 그래프로 나타내면 편리한 점을 알 수 있다'라는 성취기준을 평가하는 방법은 '말하기'였다. 다만 교사가 한 명씩 1:1로 붙잡고 일일이 아는지 확인할 수 없어 동료평가의 방식을 활용하였다. 친구에게 귓속말로 자료를 표나 그래프로 나타낼 때 편리한 점을 이야기하도록 하여 잘 해냈을 때 스티커를 서로 붙여주는 방식을 활용하였다. 성취도를 알아보기 위한 엄격한 평가라기보다는 평가를 핑계 삼아 꼭 알아야 할 내용을 기억해볼 명분을 제시하는 것에 가까운 평가라 할 수 있다. 평가라고 하기엔 부족하고 어설픈 부분이 많긴 했지만, 바쁘게 달려온 프로젝트 수업에서 '나도 알게 모르게 무언가를 배웠고, 그걸 잘 알고 있구나.'라는 깨달음을 느낀 아이들의 표정에 나도 모르게 안도감이 들었다.

프로젝트 수업을 평가에 반영하기

김○○ 상

우리 동네의 모습을 담은 사진 자료를 보고 이를 분류 기준을 설정하여 적절히 분류하였으며, 빠지는 자료 없이 표로 나타냄. 이후 표를 바탕으로 O, X 등을 이용하여 그래프의 형태를 다양하게 하여 올바르게 나타냄. 이 경험을 바탕으로 자료가 사진이나 글자의 형태일 때보다 표나 그래프의 형태로 표현되었을 때 자료를 한눈에 알아볼 수 있어 편리함을 말할 수 있음. 이 과정에서 동네 구성원으로서 동네에 관심을 가지고 동네를 다양한 방법으로 표현하는 데에 적극적인 자세로 참여함.

우리 동네의 모습을 담은 사진 자료를 교사가 제시하는 분류기준에 따라 분류하였고, 이를 표로 나타냄. 표로 정리된 자료를 간단한 기호를 사용하여 그래프로 나타냄. 표나 그래프의 장점으로 항목별 값의 많고 적음을 한눈에 알아보기 편리함을 제대로 설명함. 동네 구성원으로서 동네를 살펴보고 동네를 그림으로 나타내는 활동에 참여함.

프로젝트를 마치며

프로젝트를 마치며, 프로젝트 수업을 통해 배운 내용과 소감을 나누는 시간을 가졌다. 학급 서클을 만들어 우리 동네 프로젝트를 하면서 우리 동네 구성원으로서 무엇을 느꼈는지, 우리 동네에 대해 얼마나 더 잘 알게 되었는지, 인생 첫 프로젝트 수업을 하면서 재미있었던 점이나 아쉬운 점을 이야기했다.

'프로젝트 수업이 재미없을 줄 알았는데 생각보다 좀 괜찮았어요.'

'옆 반 친구들이 저희 반 그림지도를 부러워해서 기분이 좋았어요.'

'디지털 영상지도가 신기해 집에 가서 엄마 핸드폰으로도 해봤어요.'

'선생님이 내년에 새 학년 되면 프로젝트 수업을 더 많이 할 거라고 해서 기대돼요.'

아이들의 짧은 소감을 듣고 있으니, 가르치고자 했던 바들이 무사히 아이들에게 잘 전해졌음을 알 수 있었다. 학부생 때도 저학년 교육과정에 대해서는 자세히 살펴보거나 연구할 경험이 없던 탓에 프로젝트 수업을 계획하는 과정에서 나의 선택과 결정이 옳은 것일지에 대한 걱정과 고민이 컸는데, 다행히 아주 틀린 길을 온 것은 아닌 듯했다. 그렇게 나에게도 우리 반 아이들에게도 큰 도전이었던 우리 동네 프로젝트 수업을 무사히 끝맺었다.

2장.
교실 문화 혁명

미래의 주역인 아이들이
생활하는 우리 교실 속
변화의 흐름

1. 시인되기 프로젝트

2022 개정 교육과정에서 추구하는 핵심 역량

2022 개정 교육과정은 미래 사회가 요구하는 역량을 함양하고, 학습자의 삶과 성장을 지원하는 맞춤형 교육과정 설계에 중점을 두고 개정되었다. 학생들의 맞춤형 교육과정의 근거로 학습자의 주도성을 기대한다. 이러한 인간상 구현을 위하여 학교 교육 전 과정을 통해 중점적으로 기르고자 하는 핵심 역량은 6가지다. 자기관리 역량, 지식정보처리 역량, 창의적 사고 역량, 심미적 감성 역량, 협력적 소통 역량, 공동체 역량이 그것이다. 교실에서 이루어지는 모든 교육활동의 기저에 학생들이 함양하기를 기대하는 6가지의 핵심 역량이 있다.

가. 자아정체성과 자신감을 가지고 자신의 삶과 진로를 스스로 설계하며 이에 필요한 기초 능력과 자질을 갖추어 자기 주도적으로 살아갈 수 있는 자기관리 역량

나. 문제를 합리적으로 해결하기 위하여 다양한 영역의 지식과 정보를 깊이 있게 이해하고 비판적으로 탐구하며 활용할 수 있는 지식정보처리 역량

다. 폭넓은 기초 지식을 바탕으로 다양한 전문 분야의 지식, 기술, 경험을 융합적으로 활용하여 새로운 것을 창출하는 창의적 사고 역량

라. 인간에 대한 공감적 이해와 문화적 감수성을 바탕으로 삶의 의미와 가치를 성찰하고 향유하는 심미적 감성 역량

마. 다른 사람의 관점을 존중하고 경청하는 가운데 자신의 생각과 감

정을 효과적으로 표현하며 상호협력적인 관계에서 공동의 목적을 구현하는 협력적 소통 역량

바. 지역·국가·세계 공동체의 구성원에게 요구되는 개방적·포용적 가치와 태도로 지속 가능한 인류 공동체 발전에 적극적이고 책임감 있게 참여하는 공동체 역량

아이들은 초등학생 기간 동안 6명의 교사를 만난다. 한 명의 교사가 1년 간 학생들과 함께 학교생활을 한다는 것은 최소한 1년간은 일관성 있는 지도가 가능하다는 의미다. 작은 물 한 방울이 모여 바위를 뚫는다는 말이 있듯 매일 조금씩 실천하는 것들이 가치라는 이름으로 아이들에게 스며든다. 교육청마다, 학교마다 형태는 조금씩 다르지만 교사들은 매년 학급의 특색을 계획하고 실천한다. 교사마다 중요하게 생각하는 가치와 교사의 역량이 저마다 다르므로 교실을 자세히 들여다보면 공통으로 가르치는 교과 지도를 제외하면 교사가 운영하는 학급 특색이 비교적 뚜렷하게 드러난다.

미래는 글쓰기와 말하기의 시대

코로나를 거쳐오며 시대는 그야말로 급변했다. 사물인터넷과 인공지능, 빅데이터로 대표되는 4차 산업혁명의 물결이 일상으로 거세게 들이닥쳤다. 이제 화상으로 수업을 듣거나 다양한 지역의 구성원이 모여 원격회의를 하는 모습이 낯설지 않다. 코로나가 종식된 이후에도 디지털 세계는 일상의 한 부분을 차지하게 되었다. 비대면, 디지털 시대가 도래하는 시대에 중요한 역량은 무엇일까? 팀 페리스는 《타이탄의 도구들》

에서 디지털 시대가 발전할수록 글쓰기 능력이 중요하다 하였다. 명확한 사고력을 보여줄 수 있는 것이 바로 글이기 때문이다. 그러한 맥락에서 글을 잘 쓰는 사람이 말도 잘한다. 글로 나의 감정을 표현하고 논리를 세워 사람들의 마음을 사로잡고 설득하며 마음을 움직여야 하는 시대가 펼쳐질 것이다. 이러한 시대를 살아갈 아이들이 글쓰기와 말하기 역량을 함양하는 것은 선택이 아니라 필수다.

시인되기 프로젝트

우리 학급에서는 학생들의 자기관리 역량과 심미적 감성 역량, 창의적 사고 역량, 협력적 소통 역량, 공동체 역량을 강화하는 글쓰기와 작가 되기 프로젝트를 실행한다. 프로젝트는 일 년에 걸쳐 실행된다. 아이들은 글을 쓰고, 친구의 글을 읽고, 내 원고를 기획하고 완성해 친구의 책 서평문을 쓰고, 저자 발표회를 통해 내 책을 대중에게 발표하는 전 과정을 경험하며 미래에 필요한 다양한 역량을 길러나간다.

시 쓰기 준비 #매일글쓰기 #생활기록장

교실에 들어온 다음 날부터 아이들은 〈생활기록장〉을 쓴다. 매일 맞는 하루하루를 그냥 지나치지 않고 일상에서 한 순간을 자세히 살피고 그 순간에 일어나는 나의 마음을 들여다본다. 이 부분을 매일 아침 〈생활기록장〉에 짧은 글로 표현한다. 일기와 비슷한 형태를 띠지만, 매일의 기록을 시로 표현하기 위한 준비단계라는 점에서 약간의 차이가 있다. 생활기록장에서 창의적 표현이 있거나 재미있는 글들을 아이들과 나누며 나와 다른 생각을 지닌 친구에 대한 자연스러운 공감, 같은 현상을 바라보는 창의적인 시각을 배워가며 매일 쓰는 나의 글에 반영한다. 요즘은 소셜네트워크와 쇼츠(shorts)영상으로 대표되는 '요약'의 시대다. 시대의 흐름이 이렇다 보니 장문의 텍스트를 집중해서 읽고 요약하거나 쓰는 것을 어려워하는 아이들이 많다. 매일 아침 당연하게 쓰는 글쓰기 활동과 공유활동을 통해 아이들의 문장력과 표현력을 발전시켜 나간다.

생활기록장

매일 글쓰기

글쓰기를 동시로

글쓰기 #시쓰기가 제일 쉬웠어요

한 달 즈음 글을 쓰다 보면 5학년 국어 단원에서 〈동시 쓰기〉를 만난다. 이 단원에서 경험한 것을 동시로 나타내는 방법을 함께 공부한다. 생활기록장을 펼치면 그동안 내가 경험한 글감들이 한가득 아이들을 기다리고 있다. 글감을 바탕으로 행과 연을 배치하고 중복되는 말을 삭제한다. 내가 넣고 싶은 생각이나 느낌을 더하거나 그 순간 떠오르는 참신한 표현을 추가하고 제목을 붙여 시를 완성한다. 교과서에 나오는 시를 보기만 했던 아이들은 시가 이렇게 쉽고 재미있는 것인지 몰랐다며 놀라워한다. 이런 사소한 것도 시가 되냐며 신기해하기도 한다. 아이들의 시는 살아있다. 어른들이 흉내 낼 수 없는 솔직한 생각과 창의적인 표현들이 가득하다. 이 과정을 거치며 아이들은 학급에서 친구들의 시를 읽으며 재미를 느끼고 나의 글에 반영하며 함께 성장한다. 그렇게 아이들은 서서히 시인이 되어간다.

원고 만들기 #인내는 쓰지만 열매는 달다

2학기가 되면 아이들도 교사도 바빠진다. 교과 수업 시간을 쪼개어 시집 원고를 준비하는 시기다. 한 학기 동안 아이들이 쓴 시는 40편이 넘는다. 아이들은 그 많은 시를 완성했다는 사실 만으로도 스스로를 뿌듯해한다. 내가 쓴 시의 제목을 유목화하여 목록을 작성한다. 시집을 대표할만한 시를 선정해 시집의 제목으로 정하고 원고를 작성한다. 컴퓨

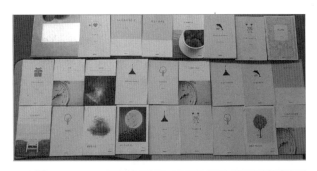

▲시집

시집 발간 기념 ▶

터 프로그램을 통해 그림을 삽입하고 맞춤법 검사를 하고, 작가의 말과 시인의 약력을 작성해 원고에 옮겨적는다. 아이들의 원고를 온라인 출판 플랫폼(BOOKK)에 등록하면 심사를 거쳐 도서로 승인된 정식 시집을 구매할 수 있다. 배송된 시집을 직접 받아보았을 때의 뿌듯함을 아이들은 오랫동안 간직한다. 한 부를 더 주문해 학교 도서관에 '학생 작가'의 이름으로 기부하기도 한다. 도서관에 내 이름이 새겨진 책이 전시되면 아이들의 성취감은 절정을 이룬다.

저자 발표회 #나도 시인

저자 발표회도 개인별로 자료를 만들고 발표하는 형식이다. 해마다 발표회의 방식은 약간씩 다르지만 변하지 않는 것은 전과정이 아이들 주도로 이루어진다는 사실이다. 발표회 영상을 학부모님과 공유하며 시인이 된 서로를 축하하고 가족과도 축하의 인사를 나눈다.

뿌듯했지만 과정이 너무 힘들어 두 번 하고 싶지 않다는 아이, 시인의 꿈을 가지게 된 아이, 내 이름으로 된 시집을 낸 사실이 너무 뿌듯한 아이들도 있었다. 아이들은 대부분 시인이 된 경험을 소중히 여겼고, 힘들고 어려운 과정 뒤에 크고 달콤한 결과를 맞는 경험을 하게 되었다. 이

시집 발표 자료

경험이 아이들이 삶을 살아가면서 만나는 힘들고 어려운 과정을 이겨
내는 데 도움을 주기를 바라는 마음이다.

글쓰기와 말하기를 통해 키워가는 미래 역량

시대를 막론하고 교육의 본질은 같다. 감성을 갖춘 자기주도적인 태
도를 지닌 사람, 상호 협력할 수 있고 나아가 공동체에 기여할 수 있으
며 많은 정보를 처리해 자신의 것으로 만들어가는 사람으로 키워가는
것이다. 산을 오르는 수만 가지 방법이 있듯 교실에도 교사의 수 만큼
다양한 교육 방식이 있으며 이는 학급 특색이라는 이름의 길이 된다.

'시인되기 프로젝트'를 통해 아이들은 나의 마음을 알고 나와 다른 감
정을 지닌 친구의 마음을 들여다 볼 줄 알게 되었다. 내가 쓴 시가 친구
들의 창작 활동에 도움을 주고 있다는 작은 깨달음은 친구들에게 기여
하고 있다는 공동체 역량으로 이어져 서로 협력할 수 있는 기반을 마련
해 주었다. 이런 이유로 글쓰기의 처음과 끝을 경험한 아이들의 주도성
은 향상된 자존감으로 이어졌다. 아이들은 꾸준함과 성실함을 기반으
로 작가가 된 자신을 자랑스럽게 여기며 시집을 완성해 가는 1년 간의
경험은 아이들이 선택한 다른 목표의 밑거름이 된다. 무슨 일이든 시작
과 과정을 거쳐 결과를 낸 아이들이 얻는 자신감이 있다. 이 자신감으로
아이들이 자신의 삶을 '과정이 있는 삶'으로 가꾸어 가기를 기대한다. 올
해도 우리 아이들은 열심히 시를 써나가고 있다.

2. 디지털 리터러시는 어떻게 길러지는가?

디지털 리터러시

　교육 현장에서 디지털은 더는 새롭지 않다. 코로나19를 거치며 '디지털'은 이제 교육 현장에 너무 깊숙이 파고들었고, 디지털 소양을 잘 기르는 것은 2022 개정 교육과정의 중요한 축이 되었으며, 디지털 리터러시(디지털 미디어 문해력)는 미래 사회를 대비한 중요한 역량 중 하나로 자리매김하고 있다. 교육부의 발표에 따르면, 디지털 리터러시는 디지털 환경과 미디어의 특성을 제대로 이해하여 정보의 신위를 분별하고, 이를 통해 합리적으로 의사소통할 수 있는 능력을 말한다. 쉽게 말해 디지털 리터러시는 디지털 도구를 제대로 잘 사용하는 것이다. 이에 더해 디지털 리터러시는 범람하는 디지털 미디어 속에서 현실의 많은 문제에 대한 적절한 판단력을 기르는 것, 합리적인 의사소통 능력을 갖추는 것 등을 포함한다. 지금까지 우리 사회가 정보통신 기술의 발달로 급속히 디지털화되며 양적 성장을 거쳤다면, 이제 잘 만들어진 디지털 환경을 바르고 주도적으로 사용하는 디지털 리터러시를 길러 질적 성장을 도모하는 것은 교육의 숙명과도 같다. 코로나19로 원격수업의 문이 열린 2020년부터 지금까지 수업과 학급 운영 면에서 다양한 디지털 도구들이 활용되고 있다. 디지털 리터러시 역량에 대한 교육부의 해석을 바탕으로 우리 아이들에게 요구되는 디지털 세상에서의 합리적인 판단 능력, 학습을 위한 디지털 도구 사용은 어떻게 이루어지는지에 대해 논의가 활발히 되어야 할 때이다.

디지털 환경에서 어떻게 판단할 것인가?

초등학교 4학년 학생들을 대상으로 인공지능 윤리와 수학, 사회 교과가 융합된 수업을 진행한 적이 있다. 주제는 무인 자동차의 윤리적인 판단에 대한 것이었다. 자율주행기술이 발달함에 따라 발생할 수 있는 다양한 윤리적 문제들을 아이들과 함께 고민해보고, 다른 사람들은 어떻게 생각하는지를 알아보는 수업이었다. 이 수업의 목적을 다음과 같이 설정했다.

앞으로 다가올 인공지능(AI)의 세상 앞에 우리 사회는 다양한 선택을 요구받고 있다. 다양한 플랫폼을 통해 수집되는 방대한 데이터의 활용과 관련하여 개인정보보호 문제가 제기된다. 인공지능의 윤리적 활용에 대한 문제도 꾸준히 제기되고 있다. 예를 들어, ChatGPT를 활용한 다양한 예술 활동은 모방과 창작의 경계에 많은 논란이 있다.

무인 자동차가 운행되는 다양한 상황에서 인공지능(AI)의 판단을 어떻게 볼 것인가에 대해서도 의견이 분분하다. 이는 사람의 생명과도 직결될 수 있는 문제이기 때문이다. '모럴머신' 웹사이트는 이러한 윤리적 결정에 대해 사회적 인식을 수집한다. 본 수업은 학생들이 '모럴머신'으로 인해 수집되는 다양한 선택을 경험해보고 많은 학생들의 선택을 조사하는 과정을 통해 지식정보처리역량을 기르는 데 목적이 있다.

무인 자동차, 자율주행기술 등이 인간을 이롭게 한다는 점만 지나치게 강조되고 있다고 생각했다. 이 프로젝트 수업의 도입부에 "무인 자동차가 다니는 중에 교통사고가 일어날까요? 만약 교통사고가 일어나서 누군가 크게 다치는 일이 있다면 누구의 책임일까요?"라는 질문을 아이들에게 해 보았다. 아이들은 적잖이 당황했다. 디지털 기술의 발전이 다양한 문제를 해결할 수 있지만 분명히 인간이 올바르게 판단해야 할 영역이 있다는 것을 강조했다.

모럴머신 웹은 무인 자동차의 판단을 위해 딜레마 상황을 제시한다. A, B 루트 중 A를 선택하였을 때 희생되는 사람(또는 동물)이 있고, B를 선택할 때도 희생되는 사람(또는 동물)이 있다. 희생되는 사람은 성별, 나이, 직업, 법률의 준수 여부 등등 다양한 특성이 있고, 그러한 특성은 상황에 맞게 제시되었다. 학생들은 선택을 경험하며 힘들어했다. 가상의 상황이지만 누군가 어쩔 수 없이 희생될 수 있는 딜레마가 아이들의 선택을 어렵게 했다. 죄책감이 든다는 아이들도 있었다. 그런 아이들에게

무인 자동차는 어떻게 해야 할까요?

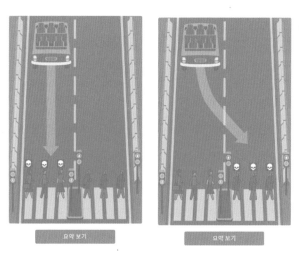

출처: www.moralmachine.net

가상의 상황임을 인지시키고 마음의 상처를 입지 않도록 달래줄 필요도 있었다. 이 수업을 통해서 디지털 환경에서 올바른 판단이 얼마나 중요한지를 알려주고 싶었다. 디지털 리터러시는 디지털 도구를 잘 다루는 것뿐만 아니라 바르게 판단하는 능력도 포함하기 때문이다.

디지털 도구(에듀테크)를 이용해서 학습할 수 있는가?

우리 교육에 디지털의 영향이 커지기 전부터 교실 수업에서 디지털 도구를 활용하려는 노력은 계속되어왔다. 사람들은 스마트폰을 수업에서 활용하는 것에 대해서 각각 다른 의견을 보였다. 디지털 세상에서 스마트 도구를 수업에서 활용하지 않는 것은 뒤처진 것이므로 적극 활용해야 한다는 의견과, 단순 학습 집중력을 높이기 위한 중독적인 디지털 도구의 사용은 적절하지 않다는 의견이 있다. 디지털 도구를 이용해 학습하는 것에 대해 우려하는 사람들은 학습의 본질이 흐려질 수 있다고 주장한다. 가뜩이나 집중력이 낮은 학생들이 디지털 도구로 인해 학습에 방해가 될 것으로 생각하는 것이다. 시력에도 좋지 않고, 아이들은 스마트기기보다 다른 사람의 얼굴을 바라보고 소통하는 것이 더 중요하다는 의견을 제시한다. 일리가 있는 말이다. 그런데 학급의 아이 중에 디지털 도구 때문에 학습에 집중하지 못하는 아이는 단 한 명도 없었다. 우리는 빈대 무서워 초가삼간을 다 태우는 우를 범해서는 안 된다.

구글 클래스룸의 문서, 프레젠테이션 기능을 이용해 다양한 협업 수업을 진행했다. 아이들에게 개인 또는 모둠별로 과제를 제시하고 과제를 수행하도록 했다. 디지털 도구를 사용하는 초반부에는 집중하지 못하는 모습을 약간 보였으나 도구 활용에 익숙해진 어느 시점부터 아이들은 놀랍도록 몰입하는 모습을 보였고, 성취 수준도 높아졌다. 특히, 기존의 학습에 지쳐있던 아이들의 변화가 컸다. 쉽게 말해 연필을 들고 공책에 문장 한 줄 쓰기 힘들었던 학생이 디지털 도구를 이용한 수업에서는 한 편의 글을 줄줄 써 내려갈 수 있었다.

디지털 도구는 협업의 장면에서도 위력을 발휘한다. 수지 보스, 존 라머는 "PBL은 온라인 도구와 기술 도구의 적극적인 활용이 요구되며, 또 그럴 때 효과가 극대화되는 교수법인데, 이번 사태로 PBL을 제대로 구현하려는 선생님들은 날개를 달게 되었다."라고 하며, "PBL이 접속만으로도 참여와 협업으로 문제를 함께 해결하며 의미 있는 지식과 기능을 익히고 고등사고력과 문제해결력을 기르기 위한 최적의 환경이 될 수 있다는 점에서, 지금과 같은 디지털 교육이 강조되는 상황은 PBL을 도전하기에 적기로 여겨진다."[3]라고 했다.

아이들이 디지털 도구를 이용해 협업하는 장면을 보고 있으면 약간의 희열이 느껴질 때가 있다. 구글 슬라이드에 각자가 맡을 부분을 나누어 작업을 하며 의사소통을 하는 모습을 보면 이 아이들에게 앞으로 어른이 되어 꼭 갖추어야 할 부분을 지금 연습시키고 있다는 자부심이 든다. 약간 어설프지만, 디지털 도구를 이용해 협업하고 의사소통하는 경험은 미래 사회를 살아갈 아이들에게 분명히 도움이 될 것이라 믿는다.

---

3)《프로젝트 수업 어떻게 할 것인가?》, 존 라머·존 머겐달러·수지 보스, 지식프레임, 2017.

우리는 디지털 리터러시를 가르칠 준비가 되어있는가?

현재 9살 딸을 양육하고 있다. 아이는 평소에 해 보고 싶은 것, 원하는 것에 대해 많이 이야기한다. 하고 싶은 것이 있어도 입을 꾹 닫고 있는 것보다 뭐라도 해 보겠다며 적극적으로 도전하는 아이의 모습이 더 낫다고 생각해 왔다. 적극적으로 용기를 낸 것에 응원도 해주고 웬만하면 한번 찐하게 도전해 볼 수 있도록 기회를 주기도 한다.

아이는 갑자기 스케이트보드를 배우고 싶다고 했다. 적잖이 당황했다. 왜냐하면 둘 다 스케이트보드를 타본 적이 없기 때문이었다. 수영, 태권도, 댄스 등등 약간의 배경지식이 있고 직접 해 본 것을 가르치는 것은 어렵지 않지만, 지식과 경험이 생소한 분야를 선뜻 시작하도록 안내하고 돕기에 걱정이 앞섰다. 자식 이기는 부모 없다고 했던가. 우리 가족은 당장 마트에 스케이트보드를 사러 갔다. 입문자용 가장 저렴한 스케이트보드를 하나 사고, 인터넷에서 생초보가 스케이트보드를 타는 방법을 알려주는 동영상을 본 뒤, 아이에게 걸음마 가르치듯 조금씩 알려주었다. 그렇게 2~30분이 흘렀을까. 놀라운 일이 일어났다. 아이가 스케이트보드를 금세 배워버리는 것이 아닌가. 아이의 운동기능이 다른 아이들보다 그렇게 뛰어나지 않다고 생각했었는데, 너무도 쉽게 동작을 익히고 겁도 없이 스케이트보드에 몸을 맡기고 있었다. 기쁨에 상기된 얼굴과 함께. 나중에 찾아보니 스케이트보드를 배우는데 아이가 더 유리함을 알게 되었다. 무게중심이 어른보다 더 아래에 있으니 그럴 수도 있다고 생각했다.

지금의 교사들은 디지털 리터러시 교육을 제대로 받아본 적이 없다. 방법을 잘 모르고, 능숙하지 못하며, 디지털 리터러시가 우리 삶에 얼마나 도움이 되는지 잘 모른다. 그래서 교사들은 자신이 없다. 몰아붙이듯 밀려드는 디지털 리터러시 교육이 부담스럽기도 하다. 핵심은 그렇게 걱정하고 부담스러워할 필요가 없다는 것이다. 아이들은 배울 준비가 되어 있기 때문이다. 아니, 스케이트보드를 배운 아이처럼 지금의 학생들은 디지털 리터러시를 배우기에 더 유리하기 때문이다. 우리의 노력과 상관없이 아이들이 어른이 되면 지금의 어른들보다 디지털 리터러시를 더 잘 갖추고 디지털 도구를 더 잘 다루게 될 것이다. 우리의 역할은 아이가 용기를 내 스케이트보드에 두 발을 올릴 수 있도록, 손을 잡아주는 것이다. 그것만으로도 우리 아이들은 디지털 세상에서 쌩쌩 달릴 것이다. 우리는 아이들을 믿어야 한다.

3. 구해줘! 클래스룸 프로젝트 - 교실 공간 혁신

공간이 주는 힘

매년 학생들과 함께 교실 공간을 재구조화하기 위한 프로젝트를 한다. 사물함으로 교실 공간을 분리해 놀이 공간을 만들거나 책상의 배치를 달리해 교실의 구조를 바꾼다. 누군가는 '왜, 굳이'라는 말을 덧붙인다. 왜 교실 공간을 가만히 두지 못하냐고 묻는다면 똑같은 학교 공간의 관습을 깨부수고 싶기 때문이다. 교실은 더는 일방적 강의를 위한 공간이 아니다. 유연한 사고의 전환이 일어나고, 다양한 방식으로 학습하며, 놀이와 휴식이 공존하는 공간이다.

일이 잘 풀리지 않을 때, 공부하기 싫을 때, 환기가 필요할 때 이전과 다른 공간을 찾는 사람들이 있다. 적당한 소음이 있는 카페를 찾기도 하고, 조용한 분위기의 넓은 도서관을 찾기도 한다. 매일 똑같은 공간에서 똑같은 행위를 하다가 공간만 바뀌어도 일의 효율이 높아지는 것을 느낀 적이 있을 것이다. 그런데 우리 아이들은 어떤가? 학습과 휴식, 놀이의 공간인 학교를 주도적으로 변화시킬 수 있는가? 원하는 공간에서 공부할 수 있는가? 교실 공간은 학생들의 창의성을 촉진하는 공간인가?

학생들은 생각보다 많은 시간을 학교에서 보낸다. 초등학생들은 매일 아침 등교해 최소 4교시의 수업을 듣고, 중간중간 쉬는 시간을 가진다. 점심을 먹고 친구들과 학교 공간에서 이야기를 나누며 뛰논다. 학교는 학생들에게 학습 공간일 뿐만 아니라 놀이와 휴식의 공간이기도 하다.

교육은 변화하고 있으나 학교 공간은 변화하지 않는다는 지적은 최근에 대두된 것이 아니다. 문제점을 인지하고 이를 해결하기 위해 교육부는 학교 공간혁신사업을 시행하기 시작했다. 더 확장하여 그린스마트 미래학교 5개년 로드맵을 발표하고 현재 활발히 진행 중이다. 그러나 이러한 사업은 선정된 학교들만 활발히 진행 중이며 선정되지 않은 학교들 또는 학교 단위 공간혁신사업 진행 여건이 되지 않는 학교들은 늘 같은 공간에서의 교육이 이루어지는 실정이다. 그래서 우리 교실에서, 우리 학생들이 직접 할 수 있는 교실 공간혁신 프로젝트를 시작했다. 우리의 이야기로, 우리의 손으로 직접 변화시키는 우리의 공간, 교실 공간혁신 프로젝트를 소개한다.

구해줘! 클래스룸 프로젝트

근무하던 학교에서 학교 단위 공간혁신사업을 진행한 것이 '구해줘! 클래스룸' 프로젝트를 시작한 계기가 되었다. 한정된 예산으로 사업을 진행해야 했기에 모든 학급의 공간을 변화시키기는 어려웠다. 전교생들이 변화된 공간을 사용하게 하고자 복도를 변화시킬 공간으로 선정하여 사업을 진행했다. 교육청 사업으로서의 공간혁신은 공간만 변화시킨 것은 아니었다. 학생들은 자신들의 의사소통 결과가 눈으로 나타나자 함께 고민하고 의견을 나눠 결정하는 과정의 힘을 느꼈다. 이후 학생들은 더욱더 주도적으로 자신의 의견을 내기 시작했다. 다양하게 나오는 의견을 존중하고 타협점을 찾아 공동의 목적을 달성하기 위해 노력했다. 공간의 변화는 건축물, 구조의 변화뿐만 아니라 의사소통과 협력 과정의 변화까지 가져온 것이다.

이러한 아이들과 함께라면 교육청 사업이 아니더라도 수업과 연계하여 교실 공간을 변화시킬 수 있겠다는 생각이 들었다. 그렇게 교실 공간혁신 프로젝트 수업인 '구해줘! 클래스룸' 프로젝트가 시작되었다.

공동의 목적 달성을 위한 협력적 의사소통, 토의

프로젝트의 시작은 국어 교과와 연계된다. 토의의 필요성을 알고 토의 절차와 방법을 익힌다. 가볍고 흥미로운 주제부터 시작해 토의를 연습한다. 자신의 의견이 토의 주제에 맞는지, 알맞은 주장과 근거인지, 현실적으로 실천 가능한지 확인하며 의사소통하는 방법을 익힌다. 허용적인 분위기 속에서 다양한 의견을 주저하지 않고 자유롭게 말하는 연습이 필요하다. 또한 말하는 것보다 듣는 것이 더 중요함을 지도하며 경청하는 법, 다른 사람의 의견을 존중하며 대화하는 방법을 연습한다. 이 단계에서 충분한 토의 연습이 되어야 교실 공간에 대한 본격적인 토의를 할 수 있다.

온라인 인사이트 투어

학급에서 진행하는 공간혁신 프로젝트의 경우 현장 체험학습과 연계하여 실제 인사이트 투어를 떠나기에는 어려움이 많다. 그래서 온라인으로 인사이트 투어를 진행한다. 온라인 인사이트 투어를 통해 공간 변화에 대한 이해를 높이고 관련 배경지식을 수집한다. 다양한 공간을 검색하고 자료를 수집한다. 이때 학생들에게 학교 공간에만 국한되어 검색하지 않도록 지도한다. 학교가 아닌 공간들도 살펴보고 공간 변화 아이디어를 수집하는 것이다.

온라인 인사이트 투어는 공간을 바라보는 시선을 변화시킨다. 굳어 있는 공간에 대한 인식을 깨는 과정이다. 교실의 구조와 배치를 유연하게 변화시킬 수 있다는 생각을 가지도록 한다.

학교 공간 속 우리의 일상

공간의 변화를 위해서는 학생들의 일상을 들여다봐야 한다. 교실 공간의 사용자는 학생이다. 사용자의 행위를 파악하기 위해서는 학교에 있는 시간 동안 학생들의 행위를 관찰하고 기록하는 과정이 필요하다. 학생들은 시간별로 자신의 행위와 사용하는 공간을 기록한다. 행위 중심으로 공간을 탐색한다. 우리는 어떤 공간에서 어떤 행동을 하고 있는지 유심히 실펴보는 것이다. 그 행동을 왜 그 공간에서 하고 있는지, 그 행위를 위한 더 나은 공간은 없는지 생각한다. 기록한 결과를 친구들과 나누며 교실 안에서 어떤 공간이 필요한지 토의한다.

우리의 이야기로

공간 변화를 위한 준비 과정은 모두 민주적 절차를 통해 이루어진다. 다양한 공간에 대한 이해를 높이고 학교 공간 속에서의 행위들을 관찰했다면 본격적으로 공간 변화에 대한 토의가 이루어진다. 우리가 원하는 공간에 대해 다양한 의견을 나눈다. 워드 클라우드를 활용하여 원하는 공간의 느낌을 한 단어로 표현해 학급 친구들의 의견을 정리한다. 워드 클라우드를 통해 공간 변화의 방향성을 설정한다. 학생들에게 쉽게 다가갈 수 있도록 우리 교실 공간의 목적과 콘셉트라고 안내한다. 어떤 느낌의 공간을 원하는지 그 공간을 원하는 이유, 목적은 무엇인지 정리하도록 했다. 이때 교실 공간의 이름도 짓는다.

공간의 이름과 방향성을 정했다면 공간 설계도를 그린다. 목적에 따라 공간을 어떻게 재구조화할 것인지 그림과 모형으로 표현한다.

설계도와 모형을 완성했다면 이제 예산을 제시한다. 학급당 배부되는 환경 용품 구입 예산이나 학급 운영비를 활용한다. 예산은 20만 원. 20만 원에 맞게 공간 변화에 필요한 물품 목록을 정리하고 실제 구매 사이트까지 작성한다. 실제 예산을 주고 한정된 예산에 맞게 물품을 구매하는 과정에서 아이들의 눈이 가장 반짝인다.

공간 변화 계획을 공유하고 평가하는 공간 디자인 발표회를 연다. 모형과 발표 자료를 준비하여 갤러리 워크 형식으로 운영한다. 구글 폼을 활용하여 서로 동료평가를 하여 최종 공간 디자인을 선정한다.

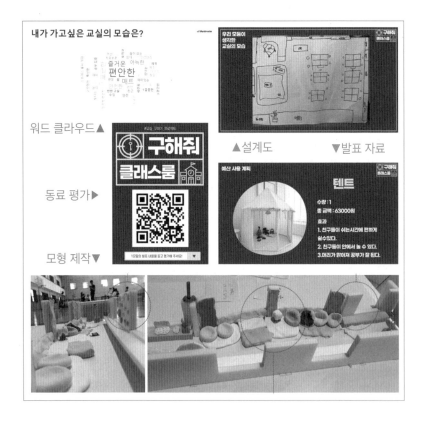

우리의 손으로

공간 디자인 발표회의 결과에 따라 교사는 학생들이 제출한 목록에 담긴 물품들을 주문한다. 물품들이 도착하면 교실 공간의 재구조화와 물품 배치가 시작된다. 긴 토의의 결과물이 실제 눈앞에 보이게 되는 것이다. 수업의 결과물이 삶과 연계되어 학생들의 학교생활에 매일 영향을 주게 된다. 민주적 절차의 중요성과 실효성을 몸소 체험한다.

공간 사용 규칙 회의

공간을 변화시키는 것에서 프로젝트는 끝나지 않는다. 학급 회의를 통해 변화된 공간을 사용하는 규칙을 정한다. 학급 회의를 통해 프로젝트를 돌아보고 피드백을 나누고 수정이 필요하다면 해당하는 단계로 돌아간다. 공간을 사용하며 문제가 생길 때마다 학급 회의가 열린다. 공동의 문제 해결을 위해 계속해서 의사소통한다. 이 단계에서 학생들의 협력적 소통 능력이 향상되었음을 확인할 수 있다. 민주적인 절차를 통해 공동의 목적을 달성한 경험이 있는 학생들은 자연스럽게 서로의 의견을 존중하며 함께 해결책을 찾아나가는 모습을 보인다.

　공간의 변화는 비단 공간만을 변화시키는 것이 아니라 아이들의 의
사소통 문화를 변화시킨다. 아이들의 주도적인 의사소통 능력을 끌어
내는 것이다. 교실 공간혁신 프로젝트 이후 학생들은 다양한 의견을 거
리낌 없이 제시했다. 자신의 의견대로 삶을 변화시킬 수 있음을 확인했
기 때문에 자신의 의견에 대한 자신감이 생길 것이다.

　학생들과 함께 고민하는 것이 학생 주도적 의사소통의 시작이다. 교
사 혼자 결정하는 것은 빠르고 편한 지름길과 같다. 반면, 학생들과 함
께 고민하는 것은 느리고 험난한 길이지만 그 길을 지나온 후 학생들은
놀랍도록 성장해있다. 그 성장을 지켜본 교사라면 학생들과 함께 고민
하는 길을 주저 없이 선택하고 함께 걸어 나갈 것이라 확신한다.

4. 새로운 패러다임의 생활지도

학생 생활지도에 대한 고민

2011년 대구 권모 중학생의 자살 사건을 계기로 '학교 폭력'이라는 단어가 학교에 들어왔다. 학교폭력예방 및 대책에 관한 법률(약칭: 학교폭력예방법)이 구체화 된 것도 이 시기이다. 학교 폭력으로 접수가 되는 순간부터 교사는 법으로 명시된 대로 처리하여야 하며 이때부터 교사는 가해자와 피해자를 가리는 경찰관이 된다. 신체적 폭력이 일어났다면 우선 학생을 보건실에 데려가서 다친 곳이 없는지 확인을 해야 한다. 그 과정이 끝나면 가해자와 피해자를 분리하고 매뉴얼 대로 사안 조사에 들어간다. 철저하게 행위에 대한 사실 위주로 질문이 이루어지고 하나라도 빠뜨리지 않기 위해서 녹음하는 것도 잊지 않는다. 그다음은 조사한 내용을 문서로 정리를 하는데 여기에 상당한 시간이 소요된다. 학교 폭력 1건이 생기면 학교의 행정부담이 너무 과중하여 2년 전부터는 '학교 폭력 대책심의위원회'는 각 지역 교육지원청으로 이관이 되었고 올해부터는 초기에 '조사관'을 투입하여 학교의 행정부담을 줄이려고 노력하고 있다. 하지만 학교는 여전히 학교 폭력에 관한 부담을 안고 있다.

학교 폭력이 학급에서 발생하면 교사의 에너지는 온통 여기에 집중된다. 법으로 규정되어 있어서 자칫 실수라도 하게 되면 책임을 교사가 져야 하는 경우도 종종 일어나기 때문이다. 학교 폭력 매뉴얼을 잘 알고 있는 교사라면 그래도 사정은 좀 낫다. 하지만 경험이 없는 교사는 매뉴얼을 보고 내용을 파악하는 것부터 시작이다. 교사는 이때부터 수업 준비를 할 겨를이 없다. 심적 부담이 상당히 높아진다.

그뿐만 아니라 담임교사의 생활지도 능력에 대한 평가의 말이 나오면 교사에게는 또 다른 심적 부담으로 작용한다. 간혹 관리자의 질책이 있는 일도 있지만, 더 큰 부담은 학부모의 거센 항의다. 피해자 학부모뿐만 아니라 가해자 학부모의 항의도 받게 되는 경우도 생긴다. 교사가 평소에 생활지도를 어떻게 한다더라, 교사의 자질이 어떻더라, 교사가 무능하다 등의 말은 교사의 가슴에 비수처럼 와서 박힌다. 세상에 털어서 먼지 나지 않을 사람이 있을까, 부정적인 시선으로 교사를 보게 되면 꼬투리는 잡히기 마련이다. 자신의 자녀를 처벌로 부터 지키기 위해 학부모는 사용 가능한 방어기제를 최대한 사용한다.

덧붙여 학교폭력예방법은 교사의 처신을 더욱 어렵게 하는 측면도 있다. 문제 행동에 대한 교사의 교육적 노력은 학교 폭력을 은폐하고 무마하려는 시도로 여겨지기도 하고, 매뉴얼에 따른 태도는 학생의 미래를 생각하지 않는 교사의 태도로 여겨지면서 교육자의 자질까지 의심을 받게 되는 일도 있다. 이처럼 학교 폭력이 일어나면 교사는 이러지도 저러지도 못하는 심리적 무기력 상태가 될 가능성이 크다.

그렇다 보니 적극적인 생활지도 하기를 주저하는 교사들이 늘어나고 있다. 올바른 방향으로 생활지도를 하였는데도 학부모의 민원이 생기기도 한다. 수업 시간을 피해 방과 후 상담이나 코칭을 하려고 해도 학생 개인 스케줄이 많아서 남기기도 어렵다. 교사의 교육적 활동을 보호해주는 법적 장치가 강화되어야 한다.

같은 상황, 다른 대응 / 패러다임의 차이

시대가 많이 변했다. 예전에는 사회의 통념으로 인정되었던 것이 더는 받아들여지지 않는 시대가 되었다. 2000년대 초반만 해도 학생의 생활지도에 대한 교사의 권한이 상당 부분 용납되었고 학부모도 교사의 권한을 인정해 주면서 적극적으로 학생을 지도해 주길 바랐다. 그때의 모습을 사례로 이야기해 보자.

담임교사의 출장으로 6학년 보결 수업을 들어갔을 때였다. 수업을 마치고 청소 지도를 하고 있었다. 그런데 순식간에 민혁이가 진호의 얼굴을 주먹으로 치는 것을 보게 되었다. 교사는 깜짝 놀랐다. 진호는 얼굴을 배만지더니 아무 일 없었냐는 듯 옆에 있던 우신이와 이야기를 하고는 가방을 찾았다. 주먹을 날린 민혁이는 분이 덜 풀린 듯 그대로 서서 씩씩거리고 있었다.

교사는 민혁이를 보면서 "너 뭐 하는 짓이야?"라고 소리를 친다. 선생님이 무척 화가 나 있다는 것을 알리기 위해서다. 교사의 호통을 들은 민혁이는 감정을 조절하지 못하고 앞에 보이는 의자를 발로 3번을 찼고 의자는 데굴데굴 굴러 구석으로 내동댕이쳐졌다.

교사는 민혁이가 친구의 얼굴을 때린 행위에 대해서 자신의 잘못을 뉘우치고 다시는 그런 행동을 하지 않을 것을 기대하며 생활지도를 한다.

"너, 선생님 앞에서 무슨 행동이야? 그건 버릇없는 행동이야. 진호는 왜 때렸어? 학교에서 폭력을 쓰면 돼? 친구를 때리는 것은 어떤 이유에서도 허용되지 않는 나쁜 행동이야. 어서 진호에게 미안하다고 사과해! 그리고 오늘 청소는 벌로 너 혼자서 다 하고 검사 맡아. 깨끗하게 할 때까지 갈 생각은 하지도 마."

예전에는 학생의 잘못된 행동을 지적하고 호통치고, 벌주고, 부모 동의 없이 학교에 남기는 등 처벌을 통해 학생의 태도를 교정하는 것이 보편적인 생활지도로 여겨졌다. 상황이 어느정도 정리된 후에 부모님께 알리면 되었다. 학부모도 자녀의 잘못된 행동에 대해 교사에게 사과하고 교사의 생활지도를 인정해 주었다.

하지만 요즘은 교사의 호통과 벌이 더는 용납되지 않는 분위기다. 학생의 정서에 나쁜 영향을 미치는 정서학대로 악용되는 경우가 적지 않다. 잘못은 했지만 처벌은 싫다는 것이다. 그렇다면 다른 방법을 생각해 보자.

놀란 교사는 진호를 살펴보면서 "너, 괜찮아? 다치지 않았어?"라고 물어보면서 맞은 학생에게 먼저 관심을 둔다. 그리고는 진호와 민혁이를 번갈아 보면서 "너희들, 무슨 일이야? 민혁이가 몹시 화가 난 것 같은데 일단 마음을 진정시키고 앉아서 어떻게 되었는지 이야기해 보자."

위 교사의 생활지도와 아래 교사의 생활지도를 비교해 보면, 위 교사는 학생의 행동에 초점을 두고 판단한다. 때린 학생의 잘못이 크고 폭력은 어떤 상황에서도 정당화될 수 없기에 맞은 학생에게 사과하고 청소도 혼자 다 함으로써 자신의 잘못에 대해 응징을 하도록 하였다. 또한 예의는 사회생활을 하는 데 매우 중요한 덕목으로, 어른이 보는 앞에서 그것도 선생님이 보고 있는 상황에서 의자를 차는 폭력적인 행동을 하는 것을 꾸짖는다. 해당 교사가 보이는 신념은 응보적 정의에 입각한 생활지도이다. 잘못한 학생은 그 잘못에 상응하는 처벌을 받음으로써 자신의 잘못을 뉘우칠 수 있다는 패러다임이다. 우리 사회에 보편적으로 작동하는 사법적 시스템인 것이다.

반면 아래 교사는 학생의 감정과 관계에 초점을 둔다. 눈으로 보이는 행동만으로는 상황을 정확히 판단하기 어려우므로 서로의 생각을 들어 보고 생활지도를 하겠다는 것이다. 두 학생 사이에는 어떤 이유가 분명히 있고 대화를 시도하기 위해서는 우선 흥분된 마음을 진정시키고 이야기를 통해 상황을 파악하고자 한다. 해당 교사가 보이는 신념은 회복적 정의에 입각한 생활지도이다. 두 학생의 관계는 원래 좋은 관계를 유지하고 있었는데 어떤 이유에서 해당 사건이 일어났고 대화를 통해서 사건의 실마리를 풀어보겠다는 것이다. 눈에 보이는 행동으로 때린 학생을 가해자, 맞은 학생을 피해자로 규정하지 않고 서로의 이야기를 통해 피해자가 누구인지, 어떤 피해를 당하였는지를 파악하고자 한다. 그럼 다음 피해자의 피해를 회복하기 위해서 가해자는 스스로 선택한 책임을 지고 주변의 사람들도 도움을 주어야 한다는 것이다. 우리는 어쩔 수 없이 공동체 속에서 살아갈 수밖에 없고 관계를 중요시할 때 건강한 공동체를 만들어 갈 수 있다는 철학이 깔려있다.

회복적 생활지도는 어떻게 하는가?

그렇다면 관계는 어떻게 맺는 것인가? 우리는 누군가를 돌봐 주거나 함께 어울려서 무언가를 할 때 관계를 맺고 신뢰를 쌓게 된다. 아무것도 하지 않으면 관계도 맺지 못한다. 우리는 경제적으로 어려워질 날을 대비해 평소에 차곡차곡 저축한다. 필요한 순간에 사용하기 위해서다. 사람과의 관계나 신뢰도 마찬가지라 생각한다. 평소에 서로의 이야기를 공유하고 생각을 나누면서 상호 이해가 차곡차곡 이루어졌다면 갈등 발생이라는 어려운 순간이 와도 저축해 놓은 좋은 관계와 두터운 신뢰를 꺼내서 사용할 수 있다. 문제 해결이 훨씬 수월한 것이다.

회복적 생활교육은 그런 의미이다. 갈등은 어느 곳에서도 존재하며 사건 당사자들이 노력한다면 피해자의 피해를 회복시켜 갈등을 해결하고 원래의 좋은 관계로 되돌릴 수 있다는 철학을 바탕으로 한다. 그러기 위해서는 평소에 관계를 맺고 신뢰를 쌓기 위한 교육이 필요하다. 학급 공동체 서클, 존중의 약속, 평화 감수성훈련이 방법이 될 수 있다는 말이다. 또한 소소한 갈등이 일어난다면 회복적 질문으로 상황 이해를 통해 자신을 성찰하고 피해자의 피해 회복을 위해 가해자가 책임을 질 수 있도록 돕는 과정이다.

서로의 이야기를 들려주는 학급 공동체 서클

학년이 바뀌면 학생들은 낯선 분위기에 적잖이 긴장한다. 새로운 교실 환경에 잘 적응을 할 수 있을 것인지, 친구들과는 좋은 관계를 맺고 잘 어울릴 수 있을지, 선생님은 어떤 분인지를 탐색한다. 학생의 특성에 따라서 새로운 교실에 금방 적응하는 학생들도 있지만 그렇지 않은 학생들도 있다. 학생들에게 자기 생각과 경험을 공유하면서 서로를 알아가는 기회가 있다면 적응하는 데 도움이 된다. 즉, 좋은 관계를 맺는 의미 있는 기회가 될 것이다.

게임으로 서클 열기

게임은 아이들을 하나로 만들어주는 최적의 방법이다. 근래에 많이 하는 '사랑합니다' 게임을 소개하겠다. 전체 인원수에서 의자 하나를 뺀다. 의자에 앉지 못한 사람은 술래가 된다. "사랑합니다"라고 술래가 외친다. 전체 학생은 "왜요?"라고 묻는다. 술래는 "당신은 ○○ 하니까요!"라고 대답을 한다. 해당하는 사람은 일어나서 다른 의자에 앉아야 한다. 이때 술래는 재빠르게 한 의자를 차지한다. 그렇게 여러 번 게임을 계속한다.

이 게임을 많이 하는 이유가 있다. 바로 자리를 섞기 위함이다. 교류가 뜸한 아이들끼리 친해질 수 있는 기회를 준다. 하지만 더 큰 이유는 말의 중요성을 상소하기 위해서다. '사랑합니다'라고 말힐 때 마음을 담아서 하다 보면 긍정적인 마음이 생긴다.

서클 규칙 안내하기

서로의 이야기를 하고 이야기를 잘 들어주기 위해서는 약속이 필요하다. 가장 중요한 약속은 '토킹피스를 가진 사람만 말해요'라는 것이다. 건강한 공동체를 만들기 위해서는 모두의 노력이 필요하다. 내적으로 힘이 있는 아이들은 자기 목소리를 내는 경우가 많지만, 내적 힘이

<서클의 규칙>
• 토킹피스를 가진 사람만 말해요
• 소중한 이야기를 경청해요
• 서클 이야기는 우리끼리 비밀
• 침묵으로 참여할 수 있어요
• 진심을 나누어요
• 서클이 끝날 때까지 함께해요

부족한 아이들은 자신의 목소리를 내기 위해서는 용기가 필요하다. 토킹피스는 용기를 낼 수 있도록 해주는 마력이 있다. 순차적으로 토킹피스가 자신에게로 오면 이야기를 해야 한다는 약간의 부담감이 생기면서 학급의 일원으로서의 의무를 다하려고 노력하게 된다. 그러다 보면 자신의 목소리를 내는 아이들이 점점 늘어나고 모든 아이의 생각과 의견을 반영하는 민주적인 교실의 모습이 된다. 교실이 단단한 공동체로 성장하는 것이다.

이야기 나누기

처음에는 깊이 생각하지 않아도 되는 가벼운 질문으로 시작한다. 준비운동으로 몸을 풀 듯이 이야기를 나눌 때도 마찬가지이다. 뇌를 작동시키고 말을 했을 때의 반응도 살피면서 분위기를 알아간다. '우리가 학교에 오는 이유가 뭘까요?'라고 질문으로 시작을 하였다. 대답은 뻔하다. 공부하기 위해서라고 한 아이가 말한다. 친구와 놀기 위해서, 공부를 열심히 해서 좋은 직업을 얻기 위해서라는 대답도 한다. 급식을 먹기 위해서 온다는 아이의 대답으로 한바탕 웃음꽃을 피운다. 그런 다음 본격적으로 서로의 생각과 마음을 나누는 대화로 이어진다.

- 친구가 '나를 소중하게 생각하구나'라고 느낄 때는?
- 친구가 '나를 소중하게 생각하지 않구나'라고 느낄 때는?
- 친구와 좋은 사이가 되려면 어떻게 생각하고 행동해야 할까?
- 친구에게서 듣고 싶은 말은?

제법 진지하게 많은 이야기가 오고 간다. 보드게임을 함께 하자고 말해 줄 때, 위로해 줄 때, 내 말을 무시하고 못 들은 척하고 지나갈 때, 하지 말라고 말했음에도 싫어하는 행동을 계속할 때 등 자신의 경험과 연결해서 이야기를 나누었다. 끝으로 '오늘 서클한 소감은?'이라는 질문에는 서로의 생각을 알 수 있어서 좋았다, 친구와 더욱 친해진 것 같다, 전에부터 이야기하고 싶었던 것이었는데 이야기할 수 있어서 속이 시원하다는 소감도 말한다. 서로의 다름을 나누고 공동체에서 허용되는 한계를 정하고 맞추어감으로써 존중과 배려가 있는 교실을 만들어가게 된다.

상처받은 마음을 알리는 회복적 질문

일상을 함께 살아가다 보면 갈등은 생기기 마련이다. 갈등이 생기는 것을 자연스러운 현상으로 받아들여야 한다. 오히려 갈등이 없도록 애쓴다면 누군가는 끊임없이 참거나 피해를 보고도 알릴 수 없는 비민주적 구조가 될 수 있다. 불편하면 불편하다고 말하고 상처받은 일이 있다면 말할 수 있는 기회를 제공해서 그런 행동을 하지 않도록 부탁하는 것이 건강한 공동체의 모습이 아닐까 한다. 힘의 논리가 지배하는 교실의 문화가 아니라 서로의 목소리가 들려지는 인권이 보장되는 교실의 문화를 만들어야 한다.

신체 갖고 놀려서 속상해요

5학년 남학생이 같은 반 여학생 몇 명에게 신체를 가지고 놀려서 여학생들이 속상해하는 사건이 생겼다. 급식을 빨리 마치고 점심시간에

서로의 마음을 알리기 위해서 회복적 질문을 기반으로 대화 모임을 하였다. 야단치려는 것이 아니고 서로의 마음이 잘 전달되도록 자리를 마련해서 문제를 평화롭게 해결할 기회를 가지기 위해서 모이게 되었다는 설명으로 시작하였다. 먼저 "무슨 일이 있었던 거야?"라고 상황을 이해하기 위한 질문을 던졌다. 마음의 상처를 받고 있었던 여학생들이 앞다투어 상황을 말하려고 하였다. 순차적으로 이야기할 기회가 있다고 말하고 묻는 말에 답할 수 있도록 이끌었다.

- 너희들에게 무슨 일이 있었던 거야?
- 그때 너희들은 어떤 감정을 느꼈어?
- 신체로 장난을 치고 싶은 마음이 생긴 이유가 있니?
- 이 문제를 어떻게 해결할 수 있을까?
- 서로에게 부탁하고 싶은 말이 있을까?
- 이야기하면서 깨닫거나 느낀 점이 있다면?

평소에도 함께 장난을 치면서 잘 놀았던 아이들이다. 그날은 여학생들이 교실 앞에서 음악에 맞춰 춤을 추고 있었는데 남학생이 장난기가 발동해서 '꼬맹이, 뚱뚱하다, 거인이다'라고 신체를 갖고 놀렸다. 신체로 놀림을 당한 여학생들은 마음에 상처를 받았고 집에 가서 부모님께 속상한 마음을 털어놓으면서 울었던 사실을 이야기했다. 그때 얼마나 속상했는지, 신체로 놀림을 받았던 예전의 경험까지 떠오르면서 마음의 상처가 점점 커졌다고 했다. 이 모든 이야기가 남학생에게 잘 전달되도록 중재자의 역할을 했다. 남학생의 입장도 들어 보았다. 평소에도 장난을 많이 치는 친구들이어서 순간적으로 장난기가 올라왔다고 했다. 그렇게 마음의 상처가 될 줄 몰랐고 상처를 주게 되어서 정말 미안하다고 했다. 그리고 진심으로 사과하고 싶다는 말도 여학생들에게 잘 전달되도록 이끌었다. 여학생들도 마음의 상처를 받아서 남학생에게 '너도 꼬맹이야'라고 했던 말을 사과했다. 앞으로는 신체를 가지고 놀리는 말은 하지 말아 달라고 서로가 부탁했다. 한 여학생이 소감을 이야기하면서 여기 올 때까지는 남학생이 전적으로 잘못을 했고 자신들 마음의 상처만 생각했었다고 하였다. 그런데 이야기를 하면서 자신들도 남학생에게 놀리는 말을 한 것을 깨닫게 되었고 남학생도 그 말에 기분이 나빴다는 것을 알게 되었다고 하였다. 이렇게 이야기를 할 수 있어서 마음이 편해졌고 다시 친하게 지낼 수 있을 것 같다고 말하였다.

이번 일로 아이들은 갈등이 일어나면 어떻게 해결해야 하는지를 알게 되었다. 앞으로도 많은 갈등이 생길 것이고 그럴 때면 오늘처럼 대화를 통해서 상황을 파악하고 해결의 실마리를 찾았던 경험을 기억해 낼 것이다. 갈등이 일어나는 순간 또 다른 차원의 교육이 시작되는 것이다.

5. 수업 나눔, 나누면 행복해진다

2021년도부터 '수업 나눔'이라는 단어가 교육 현장의 곳곳에 눈에 띄기 시작하였다. 수업 나눔? 수업을 나눌 수 있을까? 수업을 나눈다면 누구에게 어떻게 나누는 거지?

수업 나눔, 정의부터 새롭게!
울산광역시교육청에서 제시하는 '수업 나눔'의 정의는 다음과 같다.

수업의 전문가는 선생님입니다. 수업 현장 전문가들이 서로 수업 경험을 나누며 함께 성장하는 교사로부터 시작되는 교사들의 수업 성장 활동입니다.

서로의 수업 경험을 나누는 다양한 활동들을 생각해보면, 공개수업, 수업 컨설팅[컨설팅을 희망하는 교사(주로 신규 교사, 저경력 교사가 많다.)가 수업 컨설턴트(수석교사처럼 경력 있는 교사 등)에게 자신의 수업을 계획, 실행, 평가, 성찰 단계까지 상세하게 상담하고 도와주는 것], 전문적 학습공동체[교사들이 전문성을 함양하기 위해 협력적으로 학습하는 공동체, 보통 학년별, 교과별, 주제별 전문적 학습공동체]로 구분된다.
교과연구회뿐만 아니라 수업 자료 공유, 함께 프로젝트 수업 구성 협의 및 복도나 학급 환경 구성으로 수업 결과물을 공유하는 것도 수업 나눔의 일환이다. 수업 나눔의 소재는 단위 시간 동안 일어나는 교수·학습 활동만이 아닌, 사전에 계획하고 준비 및 실행하는 과정, 그리고 수업 후 성찰하는 단계까지 모두 포함되기 때문이다.

따라서 수업 나눔을 정의하자면 다음과 같다.

(누가) 수업의 전문가인 교사들이

(왜) 함께 성장하기 위해

(무엇을) 수업의 전반적인 과정[계획, 교수학습 활동, 평가, 성찰]을

(어떻게) 공유하는 모든 활동

수업 나눔, 어떻게 나눌까?

기쁨은 나누면 두 배가 되고 슬픔은 나누면 반이 된다고 한다. 수업 또한 나누면 나눌수록 좋다. 올해 수업 나눔을 열심히 해 보자고 굳게 마음을 먹었으나 동료 교사들의 눈치를 보지 않을 수 없었다. 하지만 너무나도 능력과 인성이 훌륭한 우리 동료 교사들과의 수업 나눔을 포기할 수는 없다. 작은 것부터 하나씩 시작해보았다.

수업에 대한 고민을 나누어요. 전문적 학습공동체
#동학년 #같은고민

우리 학교는 대부분의 학교와 마찬가지로, 동학년으로 구성된 전문적 학습공동체가 있다. 동학년 전문적 학습공동체의 경우, 비슷한 시기에 같은 고민을 나누고 있는 경우가 많고, 또 교사의 취향, 특기, 경력 등에 따라 같은 수업 내용이라도 굉장히 다르게 전개되기 때문에 이야기를 나누는 것만으로도 큰 의미가 있다. 나의 수업에 필요한 아이디어를 얻을 수도 있고, 나의 아이디어를 나눔 할 수도 있다. 그 결과 수업의

질이 풍부해질 수 있다.

'자화상'이라는 하나의 학습 주제로 미술 수업을 할 때, 어떤 선생님은 프리다 칼로의 자화상에 영감을 얻어 자신이 좋아하는 것을 주변에 함께 꾸미는 수업을 구상한다. 어떤 선생님은 얼굴의 비례와 균형에 맞게 얼굴 스케치하며 자세하게 묘사하기를 가르치고, 어떤 교사는 아이들의 자화상을 AI 변환 프로그램을 활용하여 아이들의 그림과 AI 변환 작품을 나란히 전시해둔다. 교사에 따라 수업은 달라진다. 서로의 수업 아이디어에서 영감을 얻는다.

도움을 받고 싶어요. 수업 컨설팅과 프로젝트 수업 나눔
#처음부터끝까지 #함께성장

프로젝트 수업이 학생들의 미래 역량을 키우는 데 효과적이라는 것이 알려지면서 프로젝트 수업을 적극적으로 추천하지만, 막상 어떻게 시작하는지, 그리고 내가 하는 것이 맞는지 의구심이 드는 사람이 많다. 특히 수업 경험이 적은 저경력 선생님들은 함께 고민해줄 누군가가 필요하다. 그것이 바로 나눔 교사이다.

다른 학교 선생님이 수업 컨설팅을 의뢰했다. 프로젝트 수업을 함께 고민하고 싶다고 했다. 선생님들의 배움의 열정은 끝이 없다. 수업 컨설팅과 프로젝트 수업 나눔은 정답을 제시하지 않는다. 적절한 발문으로 수업자의 잠재력을 이끌어주고 성장시킨다. 수업의 멘토가 되어, 멘티 선생님과 프로젝트 수업을 함께 구상하였다. 동시에 같이 프로젝트 수업을 진행하며 산출물을 서로의 반에 공유하는 방식으로 진행하였다. 프로젝트 수업 제목은 〈너의 기업은〉이다. 6학년 사회 교과의 기업과

가계의 경제 활동 분야를 함께 구상하며, 프로젝트 수업의 계획, 실행, 성찰 단계까지 함께 하였다. 도움을 드리는 멘토의 입장이었지만, 정작 가장 즐겁게 수업에 참여했던 것은 우리 반 아이들이었다. 우리의 프로젝트 수업 산출물이 다른 학교에 소개된다는 것에서 아이들의 학습 흥미와 참여도는 하늘을 찔렀다.

수업 아이디어 나눔. 복도 전시
#아이들호기심 자극 #우리반도 해요?

복도 전시는 가장 손쉽게 수업 나눔을 할 수 있는 방법이다. 아이들의 작품들을 항상 자랑하고 싶다. 아이들이 복도에 게시된 자신의 작품을 보며 다른 반 친구들에게 수업에 관해 이야기하는 모습이 한없이 사랑스럽기 때문이다.

6학년 초 시화를 미리캔버스로 만들고, 아이들의 작품을 복도에 전시했다. 멋지게 전시된 시화 작품들은 다른 반 아이들의 호기심을 끌 만했다. 에듀테크 기술을 수업에 많이 접해보지 못했던 아이들은 우리 반의 수업 산출물에 크게 관심을 가졌고, 선생님들에게 우리 반도 하자고 졸라댔다고 한다. 동학년 선생님들께 에듀테크 활용 기술을 전파하며 다시 한번 수업 나눔의 큰 힘을 느꼈다.

잘하지 않아도 괜찮아요. 공개수업
#자발적수업공개 #우리반에놀러오세요

올해 우리 학교의 프로젝트 수업을 부흥시키고자 야심 차게 프로젝트 수업의 모든 과정을 희망 교사들에게 공개한다고 안내했다. 수업 계획이 완벽해서도 아니고, 수업을 잘해서는 더더욱 아니다. 다만 프로젝트 수업에 대한 진입장벽을 낮추고, '저 정도면 나도 할 수 있겠다.'라는 마음을 선물하고 싶었다.

결과는 어땠을까? 매일 아침 교내 메신저로 수업 초대장을 보냈지만, 선생님들은 거의 오지 않았고, 오더라도 잠깐만 보고 갔다. 선생님들이 우리 수업을 보실 거라고 하도 이야기를 해줘서 아이들이 많이 기대하고 있었는데 아이들도 풀이 죽은 모습이었다. 이래서는 학교에 수업 나눔의 바람을 불러일으킬 수 없다는 판단 아래, 교장·교감 선생님께 마지막 차시라도 꼭 보러 오시라고 직접 전했다. 다른 선생님들께도 한 번 더 부탁했다.

마지막 수업을 하는 날, 9분의 선생님들이 우리 반에 놀러 왔다. 아이들은 우리가 진행했던 프로젝트 수업을 보여드리고 싶어 안달이 난 상황이었다. 아이들은 열심히 수업에 참여했고 수업을 주도적으로 이끌어 나갔다. 교감 선생님이 수업을 잘 보았다고 격려해주시니 다음 프로젝트 수업에 더 기대하는 눈치였다.

더 다양한 방법도 있어요.
#나의수업이야기 #홍보자료

수업 나눔을 하는 데에는 무궁무진한 방법이 있을 것이다. 교육청의 사업 중에 나의 수업 이야기를 나누는 사업들이 종종 있다. 울산광역시 교육연구정보원에서 주관하는 '나의 수업 이야기'가 그러하다. 우리 반은 2학년 동생들에게 책 읽어주기를 했던 〈독서 기부 클라쓰〉 프로젝트 수업을 나누는 이야기를 담았다. 나의 수업에 관심이 있는 선생님들은 모두 다 이 수업 이야기를 볼 수 있다.

또 시도마다 있는 교육잡지에 기고하는 방법도 있다. 우리 반은 2번의 프로젝트 수업이 '생생 교육 현장'이라는 코너에 실렸다. 이 방법이 좋은 이유는 잡지를 보는 사람들이 나의 수업 이야기를 함께 나눔 한다는 점도 좋지만, 우리 반 아이의 소감문이 함께 실려 아이의 입장에서도 수업을 바라볼 수 있다는 점이다.

수업 나눔, 무엇이 좋을까?

수업 나눔을 하면서 체감할 수 있는 가장 큰 변화는 아이들의 눈빛이다. 프로젝트 수업의 탐구 질문에서 일반 청중이 중요한 이유를 알 것 같다. 아이들은 뒤에 선생님들이 더 계신다는 이유만으로 더 수업에 열심히 참여하고, 더 잘하기 위해 노력한다. 그리고 다음 수업 나눔을 기대하기도 한다. 이것이 수업 나눔의 끊을 수 없는 매력이다.

수업 나눔을 통해 나눔을 받는 교사는 수업의 아이디어를 얻을 수 있으며 본인의 수업 질을 높일 수 있다는 장점이 있다. 또 수업 나눔의 진입장벽이 낮아져 나도 할 수 있다는 용기를 얻는다면 가장 좋다.

하지만 수업 나눔을 했을 때 가장 얻는 것이 많은 사람은 수업을 나눔하는 당사자이다. 의미 있는 나눔이 되기 위해 교사는 더 열심히, 더 치밀하게 준비한다. 그 과정에서 교사의 수업 역량이 성장한다. 이러한 성장이 동료 교사들과 함께 이루어진다면 그 학교의 교육력은 높아질 수밖에 없다.

나누면 행복해진다.

교육 전문가인 선생님들의 잠재력은 무궁무진하다. 그 잠재력은 반 아이들에게도 전이되어 아이들의 역량 향상에도 도움을 준다. 수업 나눔으로 인한 교사 간 협력의 결과는 아이들의 성장이다.

다시 한번 말하지만, 나누면 모두가 행복해진다.

6. 학부모와 진심으로 소통하기

학교 현장의 변화

자긍심과 설렘으로 시작한 교직이지만 학교 현장은 어린 시절의 학교와 많이 달라져 있었다. 학생 인권의 신장과 민주적인 분위기 등의 긍정적인 변화도 많았지만, 교육보다는 법적인 절차와 교육 서비스가 있었고 그렇기에 스승과 제자의 관계가 아닌 직업인 교사와 교육 서비스를 받는 학생 그리고 학부모가 존재하고 있었다. 아이의 문제가 어른들의 감정싸움으로 커지는 세상이 되었다. 더군다나 교사의 고유 권한이라 생각했던 숙제를 내주는 것부터, 평가 점수를 주는 것, 청소 규칙과 당번 정하는 것, 교사의 훈육 방법, 모둠 활동 방식 등에서도 변화가 있었다. 괴담처럼 들려오는 일부 학부모의 이야기나 혹은 동료 선생님들의 경험담을 듣고 교사가 지녀야 할 자긍심보다는 민원이 들어오지 않을까 하는 두려움과 그에 따른 여러 현실적인 제약으로 인해 신규 교사로서 여러 가지를 하고 싶은 열정과의 충돌로 방황하게 한다. 내 아이가 소중한 나머지 교사가 권위적으로 느껴지거나 조금이라도 내 아이가 실패를 경험하게 될 때 그 실패와 장애물들을 직접 해결해주려는 부모님들이 점차 늘어났다. 그러기에 교사로서 하고 싶은 일보다 조심해야 하는 규칙들이 늘어났다. 아이 스스로 갈등 경험을 해결하기까지 기다려주기보다 부모님과 선생님들이 각자의 이유로 직접 문제를 해결한다. 이렇다보니 학교 현장은 아이들이 관계에서의 실패, 거절의 인정, 조그만 손해를 보는 것조차 경험하지 못하는 학교 현장으로 변해간다.

그리고 2023년 여름, 비슷한 또래의 서이초 선생님의 극단적 선택을 보면서 왠지 모를 무력감과 학부모에 대한 적대감마저 들었다. 학부모로서, 학생으로서 할 수 있는 말조차 의도를 파악하며 고양이가 털을 바짝 세우듯 예민함도 극에 달했다. 과연 교직이 나에게 맞는 길일까?

생각의 전환

많은 선배 동료 교사들에게 들은 말이 있다.

"선생님, 오래 하려면 너무 솔직하게 그 아이의 모든 것을 말해주지 마. 내 아이의 부족한 점을 듣고 좋아하는 부모가 어딨겠어?"

"열정을 조금 줄여. 아이가 불평하면 아이의 성장엔 도움이 돼도 당장 부모 마음은 불편해." "선생님, 애들 수업 끝나자마자 바로 집에 보내세요. 종례 후 아이들 청소시키는 것도 잘 생각해보세요. 그리고 숙제도 거의 내주지 마세요. 민원 들어옵니다."

행동의 제약들, 그리고 언제 들어올지 모르는 민원에 대한 방어적 태도들. 직간접적으로 경험하며 많이 공감했고, 교직을 시작한 지 몇 년 안 되었는데도 열정이 사그라든다.

그런데 과연 이런 학부모님들이 대다수인가? 아니다. 일련의 경험이나 안타까운 사건으로 교사와 학부모를 이분법으로 나누어 바라보는 시선을 경계할 필요가 있다. 다수의 학부모님은 교사를 믿어주고 기다려준다. 우리 아이의 선생님이니 잘 부탁한다는 부모의 마음 안에 결국 자식을 사랑하는 부모의 마음이 들어있다. 교사와 척을 지고 싶은 부모가 세상에 어디 있을까?

무엇보다 중요한 건, 수업할 때 행복하다는 것이다. 사람들은 때로 일상 속 행복과 소중함을 놓치곤 한다. 학급 운영에서도 대다수의 사랑스러운 아이가 있음에도 힘들게 한 아이에게 집중한 나머지 불행과 괴로움이 배가 된다. 사랑해 주고 잘 따르는 아이들과 교사로서 존중해주는 학부모님들이 있는데도 말이다. 어느 날 문득, 이러한 사실을 깨달았다. 때론 누군가에게 의도치 않은 상처를 줬을 것이고, 우리 아이들에게 늘 완벽한 선생님이 아니기에 더 사랑해 주어야겠다고. 교사로서 인정해 주는 다수의 학생과 학부모를 온전히 믿을 수 있는 내 편으로 만들어야 교사로서 우리 아이들을 진정한 어른으로 성장시킬 수 있다는 생각이 들었다. 그래서 상처받을까 두려워 마음의 문을 스스로 닫기 직전에 생각을 전환하였다. 일차적인 이유는 교사로서 이래야 한다는 거창한 교직관보다는 결국 행복한 삶을 살아야 하는 '나'를 위해서였다. 궁극적으로는 행복한 교실이 되기 위해선 결국 학생과 교사가 모두 행복해야 가능하기 때문이다.

시대의 흐름인 소통 그리고 그에 맞춰 요구되는 교사상

어떻게 하면 교사로서 하고 싶은 교육활동을 하면서도 학부모님의 신뢰와 믿음을 얻을 수 있을까? 그것은 이미 모두 알고 있다. 바로 '소통'이다. 교사와 학부모가 소통에 어려움을 겪는 이유는 마음을 교감하는 소통이 아니라 서로의 필요와 요구에 따른 대화가 주를 이루기 때문이다. 사람 대 사람이 아니라 각자의 관점에서 서로 평행선을 달리기에 마음의 문을 닫고 업무적으로 대하게 된다.

하지만 시대가 바뀌었다. 우리는 권리의 시대에 살고 있다. 사회적인 분위기도 이전보다 많이 민주적으로 변하였고 나의 이익이 조금만 손해를 보아도 권리를 당당히 외치고 찾는 사회로 변하였다. 이러한 분위기가 사람들의 예민함을 높여 이전에는 그냥 넘어갔던 일들도 법의 잣대나 감정의 잣대로 재게 된다.

이러한 시대적 흐름이 각 영역의 전문성을 인정하지 않는 경우로 이어지기도 한다. 얼마 전 푸바오 사육사인 강철원 사육사의 영상을 보고 푸바오를 잘 사육하는 게 맞냐는 비판의 댓글에 이례적으로 에버랜드가 해명하는 일이 있었다. 의사들의 진료에 항의하는 환자 때문에 병원이 폐업하는 일도 있었다. 더 나아가 식당과 손님의 관계도, 직장 내 고용인과 피고용인의 관계도 마찬가지다. 우리는 전문성보다는 대가에 따른 서비스와 권리가 우선되는 시대에 살고 있다. 그래서 힘이나 권위보다 대화가 중요하게 되었다.

학교에 요구하는 교사상의 변화도 이와 무관하지 않다. 비교적 젊은 교사라 최근에 학창 시절을 보냈음에도 불구하고 그때는 교사의 권위가 높았다. 아무도 교사의 교육활동에 의문을 제기하지 않았고 교육의 영역은 오롯이 학교의 영역이었다. 그러나 시대가 변화하면서 모든 영역에 사람들의 관심이 높아졌고 특히 교육에 대한 가정의 관심은 상당하다. 이에 따른 긍정적인 점 뿐만 아니라 부작용도 수반하게 되었다. 분명한 건, 교대에 입학하였을 때 느낀 교사의 자긍심이 더 이상 예전 교사의 권위를 기반으로 하지 않는다는 것이다. 그렇기에 끊임없이 성장하며 소통해야 함을 절실히 느낀다.

요즘 아이들은 이해가 되지 않으면 따르지 않는다. 힘과 권위에 의한 강제성은 고학년이 되면 통하지 않고 갈등만 부추긴다. 우리도 그러하다. 선배 교사나 연장자가 뭐라 해도 그것이 이해가 되지 않으면 순응하기가 힘들다. 교사인 우리도 이러한데, 어른인 학부모가 이해되지 않는 교사의 행동에 이의를 제기하는 것은 어찌보면 자연스러운 현상이다. 각자 본인의 관점에서 세상을 바라보고 요구한다. 그렇기에 더욱더 소통이 필요하다. 교사의 전문성과 자긍심을 바탕으로 한 진실된 소통과 행동이 수반되었을 때 상식적이고 평범한 다수의 사람에게 인정받을 수 있다. 일일이 설명하는 과정이 때론 피로하고 지치게 만들지라도 결국 통하지 않으면 서로를 알 수 없다. 그래서 더 적극적으로 아이들, 학부모와의 소통을 학급 경영의 철학으로 삼았다. 눈앞에 보이지 않는, 언젠가 들어올 민원이라는 두려움 때문에 지금 내 앞에 있는 우리 아이들과의 행복을 포기할 수 없기 때문이다.

친절한 교사가 아니라, 진심을 다하는 교사로

'소통'이라는 학급 경영 철학을 정하면서 세운 규칙이 있다. 바로, 친절이라는 형식에 얽매이지 말고 투박하더라도 진심을 다하자는 것과 진심을 강요하지는 말자는 것이다. 물론 외부에서 동료 교사나 학부모가 볼 때 너무 직설적인 것 아니냐는 얘기도 많이 듣는다. 사실 그건 단편적인 시선이다. '모진 소리' 안에 '사랑'이라는 마음이 있음을 진심으로 전달하고자 노력했다. 학부모도 형식적으로 친절한 교사보다 우리 아이에게 진심인 교사를 원한다는 사실을 알고 있다. 그래서 소통을 학급 경영의 철칙으로 정한 이후에 매해 첫인사에 교직관과 진실된 마음 그리고 부모님들께 당부드리는 말씀으로 한 해를 시작하였다. 신뢰와 믿음을 쌓기 위해선 어떤 일이 있을 때 알리는 것이 아니라 첫 만남부터 꾸준히 표현하는 것이 중요하다.

첫인사, 그리고 교사로서의 교육관 소개

안녕하세요. 올해 우리 아이들의 담임을 맡게 된 ○○○입니다. 항상 새로운 시작은 설렘과 걱정을 수반합니다. 학부모님들께서도 새로운 학년에 접어들면서 본격적인 배움의 길에 들어선 아이들의 변화와 성장을 어떻게 교육할지에 대해 고민이 많으실 겁니다. 그러기에 학교 교육에도 많은 기대와 걱정이 있으실 겁니다.

1년 동안, 제가 아이들을 사랑하는 방식은 아래의 생텍쥐페리의 '인간의 대지'에 나오는 구절로 답변드리고자 합니다.

"사랑이란 서로를 바라보는 것이 아니라 함께 같은 방향을 바라보는 것이다."

아이들을 사랑하기에 좋은 말씀을 해주시거나 혹은 우리 아이의 좋은 모습만 바라보실 수 있습니다. 하지만, 진정한 사랑이란 아이들을 바라보는 것이 아니라 아이들이 바라보는 곳, 즉 꿈을 지지해주는 것이라 생각합니다. 그러기에 저는 현재 아이의 모습보다 미래에 어떤 어른이 될지를 기대하며 바라보려 합니다.

또한, 담임교사로서 아이들이 저를 바라보는 수업이 아니라 제가 아이들 개개인의 꿈을 함께 바라보는 교사가 되려 합니다. 아이들의 변화를 잘 관찰해주세요. 그리고 아이들의 성장 과정에서 고민이 있으시다면 언제든지 담임교사인 저에게 연락을 주시면 부족하나마 아이들의 성장을 위해 함께 고민하겠습니다.

교육하면 흔히들 학교를 떠올리십니다. 하지만, 저는 아이들의 인생 중 방학을 제외하면 10개월 남짓의 교육 동반자일 뿐입니다. 아이들 인생의 최고의 스승이자 오랫동안 함께할 스승은 바로 학부모님이십니다. 아이들을 위해

늘 헌신하고 희생하시는 학부모님들께, 간곡히 당부드릴 말씀은 바쁜 생활을 하시더라도 부모님 모두 하루 최소 10분이라도 아이들과 이야기를 나눠주세요. 학교에서 무엇을 배웠고, 어떤 일이 있었는지 그리고 그 이야기를 비판적 시선이 아니라 공감하면서도 무조건적 믿음보다는 객관적으로 조언해주는 지혜로운 스승이 되어주시길 부탁드립니다. 저는 그 과정에서 동행하는 교육 동반자로서 부모님들과 함께 고민하고 아이들 곁에 늘 함께하는 스승이 되고자 노력하겠습니다.

학교생활은 사회생활의 전 단계입니다. 어른들도 가정의 모습과 직장에서의 모습이 다르듯 아이들도 가정의 모습과 학교생활의 모습이 다를 수 있습니다. 그 이유는 가정을 벗어나 처음으로 성격과 개성이 다양한 사람들과의 관계를 맺기 때문입니다. 그리고 이 과정에서 필연적으로 갈등이 뒤따릅니다. 이러한 갈등을 해결하는 방식에 있어서 가장 중요한 것은 '가정'이라는 심리적 울타리입니다. 학부모님이 바라보는 우리 아이와 친구 또는, 선생님이 바라보는 우리 아이는 다를 수밖에 없습니다. 하지만 그 차이를 인정하고 아이의 다양한 면을 존중하고 교정해주면서 간극을 좁혀가는 것이 사회화입니다. 그러기에 학교생활이나 교우관계에서 문제가 생겼을 경우 학부모님이 모든 것을 다 해결해주려 하지 마시고 아이 스스로 해결하는 경험을 갖도록, 연습할 수 있도록 해주세요. 그리고 학부모님이 그동안 보시던 아이의 모습과 아이의 말뿐만 아니라 다른 친구가, 담임교사가, 혹은 다른 어른이 바라보는 우리 아이의 다양한 모습을 객관적으로 살펴주시고 학교 교육을 신뢰해주실 것을 간곡히 부탁드립니다. 저 또한 아이들이 잘 성장할 수 있도록 스승으로서 헌신을 다해 동행하겠습니다.

아이와 함께 성장하는 부모 그리고 수업으로 소통하는 교사

교사들 사이에 흔히 이런 말이 있다. 부모도 아이 학년에 따라 성장한다는 것이다. 1학년 학부모는 1학년 학생과 비슷하게 걱정도, 질문도 많다는 것이다. 특히, 첫 아이의 초등학교 생활일수록 그렇다. 아이를 처음으로 학교에 보내니 궁금하고 모르는 것이 많을 수밖에 없고, 학교의 절차와 방식이 낯설 수 밖에 없다.

그런데 이럴 때 소통의 문을 닫는다면 오해의 불씨는 더욱 커지고 아이를 사랑하는 부모 입장에서 조급한 마음이 들 때 담임교사의 교육관에 의문을 던질 수 있다. 그래서 알림장을 활용하여 기회가 될 때마다 오늘 수업은 어떤 일이 있었는데 이렇게 지도한 이유가 무엇인지 일기처럼 마음을 전달한다. 그리고 간혹 모든 학생을 챙기지 못할 수도 있지만, 마음은 늘 신경 쓰고 있음을 알린다. 그러다 보면 담임교사가 좀 실수하더라도, 혹은 엄한 훈육에도 담임교사의 뜻이 있겠거니 하고 기다려주는 학부모님들이 많아졌다. 신뢰 관계가 형성되었기 때문이다. 이러한 신뢰 관계가 형성될 때 학부모님이 자연스레 교사의 전문성과 권위를 인정해 주는 것을 느꼈다. 그래서 늘 수업으로 아이들과 소통하고 수업을 하고 난 후의 생각을 전달함으로써 학부모와 신뢰의 관계를 형성하고자 노력한다.

실제 학부모님들께 알림장으로 보낸 글 일부와 학기 마무리 및 평가 절차에 관한 설명을 한 사례를 실었다. 그리고 학부모의 따뜻한 답장과 응원의 글을 일부 담았다.

화요일 5교시는 6개 반이 합동 체육을 합니다. 오늘은 우리 반이 줄다리기 1등을 하였습니다. 아이들이 초반엔 집중하지 못하고 경기 진행이 안 되어서 단체로 혼도 내고 정신 차리고 열심히 하자 했더니 갑자기 계속 이기고, 말려도 너무 최선을 다해서 결국 4 경기 모두 연승하였습니다~

아이들이 경기에 몰입하다 보니 손이나 발이 아픈 친구도 있습니다. 살펴보시고 만약 이상이 있다면 꼭 치료해주세요. 그럼에도 승리의 기쁨과 재미에 깔깔 웃는 아이들의 모습이 눈에 선합니다.

때론 집중력이 흐트러질 수 있음에도 조용히 하자, 집중하자고 친구들을 서로 챙기는 아이들을 보니 아이들이 성숙하며 성장하고 있음을 느낍니다.

칭찬해주시고 어떤 일이 있었는지 이야기 나눠주세요~

아이들 사이의 갈등이 있다거나 본인이 챙겨야 할 일, 불편한 일이 있다면

아이 스스로 계속 표현할 수 있는 용기를 길러주세요!

저는 아이들에게 MBTI T세요? 라는 말을 자주 듣습니다. 알아도 모른 척을 많이 하고 논리적으로 계속 말하길 요구해서 그런가 봅니다.

아이들 표정만 봐도 집중하는지 싸웠는지 갈등이 있는지 다 보입니다만,

일부러 아이가 제대로 구체적으로 표현하도록 계속 가르치고 있고 그래서 모른 척할 때도 있습니다.

그리고 아이들에게도 바로 문제를 해결해주지 않고 "그래서 선생님이 어떻게 해줬으면 좋겠어?"라고 물어보면 대부분 아이 스스로 해결할 방법을 찾습니다.

단지, 공감을 원하는 아이들이 많습니다. 그럼 저는 다시 묻습니다. "들어

주길 원했어?"라고 하면 대부분 "네"라고 합니다.

아이 스스로 책임을 지고 실패해도 금방 다시 일어서는 회복탄력성이 강한 아이로 성장시키는 것이 저의 교육관입니다.

본인 스스로 표현하고 표현하지 못해서 손해를 보거나 아쉬운 것을 경험하는 것도 큰 교육이자 배움이라 생각합니다. 아이들이 나날이 성장하는 모습이 보여 기특합니다.

늘 거목처럼 기다려주시고 아이 스스로 하도록, 길을 만들어주시기보다 길을 어떻게 찾을지 안내하는 울타리가 되어주세요~

학기 마무리 인사 및 성적에 대한 설명

3월이 엊그제 같은데 벌써 8월을 앞두고 한 학기가 끝났습니다. 3월의 아이들을 떠올리면 그 사이에 몸도 마음도 성장한 것 같아 뿌듯합니다.

늘 고민하면서 톱니바퀴처럼 생활하였지만 사실은 똑같은 행동 속에 변화와 성장이 동반되어 아이들 성장의 큰 거름이 되었다고 생각합니다.

오늘 학기 마무리와 함께 통지표를 배부하였습니다.

* 성적이 보통, 잘함, 매우 잘함이 중요한 것이 아닙니다. 초등학교 평가는 지식, 태도, 기능을 종합적으로 평가하기에 아이가 해당 교과에 지식이 뛰어나도 평가 방법에 따라 수업 태도와 기능을 반영하는 평가에서는 보통 혹은 잘함이 나올 수 있습니다. 그렇기에 평가 요소가 무엇이었는지, 수업 시간 주요 활동은 무엇이었는지를 봐주시길 바랍니다.

제가 교단에 서면서 느꼈던 색다른 경험은 대부분 아이들이 '매우 잘함'에 익숙하다는 것입니다. 하지만, 정말 교과 성취기준 성취를 잘해서 '매우 잘함'인지는 되돌아보아야 할 점입니다. 또한, 교과 지식이 높다고 해서 혹은 낮다고 하여 그 아이의 교과 성적을 단순히 '매우 잘함' 혹은 '보통'이라 할 수 있는지 의문입니다.

저는 그래서 단순히 평가 결과만을 보기보다는 생활기록부 교과 발달 사항에 아이들의 교과 특성을 다 기록하여 반영해주려고 합니다. 그리고 '보통', '잘함', '매우 잘함'이 생활기록부에 기록되는 것이 아니라 이 발달 사항이 기록되는 것이기 때문에 초등학교는 어떤 것에 흥미 있어 하고 또 어떤 것에는 흥미가 없는지 자신의 적성과 기초 능력을 기르는데 중점이 있습니다. 따라서 결과가 아닌 교과 시간에 어떤 활동을 하였는지의 '과정'을 꼭 물어봐 주시길 부탁드립니다.

초등학교는 고등학교와 달리 절대평가입니다. 하지만, 절대평가의 의미가 서열화시켜서 경쟁 시키지 않는 것뿐이지 초등학교도 성취의 기준은 분명히 존재합니다. 평가는 단순히 평가에 그치는 것만 아니라 자신의 학습 태도 전반을 돌아보고 개선하기 위한 자료로 활용되어야 한다고 생각합니다. 부모님들께서도 단순히 매우 잘함, 잘함, 보통을 보지 마시고 아이와 해당 교과에서 기억에 남는 활동이 무엇이었는지 어떤 점이 재미가 있었고 어떤 활동은 왜 흥미가 없었는지 아이의 적성을 파악하는데 중점으로 평가를 봐주시길 간곡히 부탁드립니다.

저는 아이들에게 '매우 잘함'이 당연하지 않음을 말해주며 노력은 기본이며 노력하더라도 결과가 안 좋을 수 있음을 항상 주지시켜주고 있습니다. 아이들이 사회에 나갔을 때, 평가 결과에 낙담하는 것이 아니라 항상 더 나은 '나'로 성장하기 위한 지표로 활용하는 태도를 갖기를 바라는 마음으로 지도하고 있습니다.

아이들에게도 단순히 평가 결과 매우 잘함 개수를 보지 말라 하였지만 그럼에도 결과로 1학기를 평가하려 하기에, 더욱더 과정을 보도록 다음 3가지를 생각해보도록 하였습니다.

1. 1학기 가장 기억에 남는 배움

2. 나의 아쉬웠던 점, 반성할 점(행동특성 및 종합 의견을 보고 선생님이 왜 이렇게 기록해주셨을까 논의하고 성찰할 것)

3. 2학기 각오 (배움 다짐)

생활통지표 자체는 종이일 뿐입니다. 그리고 생활통지표는 부모님의 성적이 아니고 아이들의 것입니다. 종이가 아닌 아이를 볼 수 있도록, 진정한 아이만의 1학기 마무리가 될 수 있도록 이야기 나눠주세요.

아이들과의 소통이 진정한 생활통지표이자 성장의 증거라 생각합니다.

남은 2학기도 늘 새롭고 도전적인 배움을 할 수 있도록 준비하겠습니다.

〈학부모의 글〉

선생님~

오늘도 수고 많으셨지요~ 항상 감사드립니다. 안 그래도 우리 아이가 어제 성적표 이야기를 하더라고요. 이번 학기 배움의 과정을 엿보면서 아쉬움이 있었습니다. 준비 과정에서 성실함, 즐거워하는 것, 협동하는 모든 것에서 아쉬움이 있더라고요.

그러나 자라는 과정이니까 그저 지나가면서 나름의 조언을 했는데 아이가 성적표를 받기까지 스스로 어떻게 그 과정들을 기억할지 모르겠습니다. 여태까지와는 다른 배움을 접하게 해주셔서 감사드려요~

학부모 다모임

생각의 전환 이후로 학부모님과의 소통을 강화하면서 알림장뿐만 아니라 학부모 상담, 학기 첫 총회 말고도 학급 특색 사업으로 학부모님들과 학기별 1회 이상 학부모 다모임을 갖고자 노력했다. 단순히 직업적으로 이야기하는 것을 넘어 서로 다른 삶을 살아오며 아이들을 위해 헌신하는 부모님들과 인간 대 인간으로 이야기하는 과정에서 교사도 배우는 면이 있고 대화 시간이 개인적으로 즐겁기 때문이다. 그래서 올해도 학부모 다모임을 한다.

부모님들이 오시면 의자로 빙 둘러앉아 간단한 게임으로 분위기를 풀고 준비한 질문들로 써클 활동을 통해 허심탄회한 이야기를 나눈다. 그러다 보면 어느새 교사와 학부모와의 관계를 넘어 같은 아이를 키우고 있는 부모님들 간의 공감대도 형성된다. 학부모 다모임을 하는 이유는 단순히 교사와 학부모 간의 소통을 넘어 학부모 간의 교육적 대화의 장을 형성하여 아이들 간의 갈등이 발생했을 때도 어른의 문제가 되지 않고 아이들 스스로 갈등을 해결할 수 있도록 기다려줄 수 있는 믿음과 안도감을 드리기 위함이다.

써클 활동 후에는 사랑의 언어 검사나 미리 시행한 교육 심리 검사나 교육 활동지를 개별적으로 드리고 우리 아이가 어떻게 학교생활을 하고 있고 가정에서와 어떤 모습이 같고 다른지 공동체 생활에서의 아이의 모습을 부모가 객관적으로 인지하도록 돕는 시간을 갖는다.

이러한 학부모와 다모임을 할 때마다 교사로서 성장하며 오히려 에너지를 얻는다.

학부모 다모임 안내 공지글

어느덧, 봄을 지나 여름을 향해 가고 있습니다.

아이들과 만난 지도 100일이 넘고, 이제 반환점을 향해 가고 있습니다.

학기마다, 학부모 상담주간이 있고 필요한 경우 학기 중 부모님들과 개별상담을 하고 있습니다. 그러나, 선생님과 학부모님들이 다 모여 허심탄회하게 우리 아이 교육에 관해 이야기할 수 있는 장이 부족하다고 생각합니다.

우리 반의 학급 특색 사업으로 가정과 학교 교육 연계를 위해 교육 다모임을 열고자 합니다. 1학기 동안 제가 관찰해오고 교육해온 아이들의 학교 모습에 관해 전반적으로 이야기 나누면서 가정에서는 학교생활을 어떻게 느끼시는지 서로 소통하며 1학기를 마무리하고, 더 나은 2학기 교육을 준비하는 데 활용하여 개선하고자 합니다.

계획하는 시간은 1시간~1시간 30분으로 일정은 다음과 같습니다.

1. 부모 교육과 학교 교육에 관한 영상을 보고 다양한 교육주제에 관해 이야기 나누기

2. 사랑의 언어 검사

(아이와 부모와의 관계를 사랑의 언어 검사를 통해 돌아보고, 가정의 모습과 학교에서의 아이 모습의 차이점 알아보기)

3. 교육 Q&A (교육에 관한 고민, 사춘기, 성적, 학습 태도, 생활지도, 사회성 등)

장소는 6학년 5반이며 시간이 되시는 학부모님들께서는 오셔서 아이 교육에 관해 허심탄회하게 공유하고 이야기 나누셨으면 좋겠습니다.

〈학부모 다모임 안내에 대한 학부모의 글〉

선생님 안녕하세요. OOO 부모입니다.

늦게나마 인사드리게 되었습니다. 아직 초보 학부모인데 선생님께서 보내주시는 알림장에 무한한 감동과 힘이 느껴집니다. 조금 느린 우리 아이의 학교생활이 많이 걱정되었는데 늦더라도 격려해 주시고 끝까지 할 수 있는 힘을 길러주시기 위해 교육해 주시고 보내주시는 알림장 한줄 한줄에 다정함과 사랑 그리고 소신 있는 교육철학이 느껴져 무한한 힘을 받고 있습니다.

제가 일을 하고 있어 이번 다모임에는 참석하지 못하지만 다음 분기에 기회가 있다면 꼭 참석하겠습니다. 올해도 좋은 선생님과 한해 보낼 수 있는 우리 아이가 부럽기만 하네요^^

매일매일 너무 감사드립니다.

변화하지 않는 것처럼 보이지만 학교는 늘 변화하고 있다. 사회가 요구하는 교사상과 시대가 빠르게 변화하고 있기 때문이다. 그 변화 속에서도 늘 변하지 않는 사실은 아이들이 우리 사회의 미래이며 그렇기에 교육은 어떤 것으로도 대체 될 수 없는 중요한 사회적 장치라는 것이다. 그래서 아이들에게 스승이 되고 싶지, 직업인으로서의 교사가 되고 싶지 않았다. 앞서 이야기하였던 학급 경영 사례는 고민하며 찾은 나름의 방법이다. 이러한 방법 외에도 이 순간에 각자의 방법으로 아이들을 위해 고군분투하는 전국의 많은 선생님과 그런 선생님을 신뢰하는 다수의 학부모와 선량한 학생들이 있다는 사실을 잘 알고 있다. 교육 공동체의 신뢰가 결국 우리 사회의 신뢰이자 믿음의 마지노선이 아닐까?

3장.
교실 속 궁금증
50문 50답

궁금했지만
누구도 알려주지 않은
교실 속 일상

1. 초등 수행평가 얼마나 중요한가요?

초등학교 교육의 목표는 기본적인 습관을 기르고 학습에 대한 기초 능력을 쌓으며, 바른 인성을 기르는 데 있다. 그러다 보니 수행 결과보다는 직접적인 수행 과정을 통해서 평가가 이루어질 수밖에 없다. 이것이 바로 수행평가이다. 자신의 주변은 어떻게 정리해야 하는지, 자료 조사는 어떻게 하는 것인지, 친구와 잘 지내는 방법은 무엇인지를 행동으로 수행해 가면서 익혀 나간다. 초등학교 시기에 삶을 살아가는데 필요한 기초 능력과 바른 인성이 잘 키워졌다고 보고 중등교육으로 학문이라는 지식을 쌓아 나간다.

2. 수행평가와 단원평가는 어떻게 다른가요?

초등학교에서 이루어지는 평가의 목적은 아이들이 알아야 할 내용(국가 수준의 성취기준)에 '도달하였는가'를 확인하는 것이다. 평가는 목적에 따라서는 진단평가, 단원평가, 수행평가의 종류로 나눌 수 있다. 우선 진단평가는 3학년부터 6학년까지 시행되며, 매년 3월 치러진다. 전국 단위 시험이며, 제공되는 진단점수에 따라 도달과 미도달로 표시된 통지표를 받게 된다. 진단평가에서 미도달을 받은 학생들은 학교에서 제공하는 별도의 학습 지원 프로그램에 참여할 수 있고, 추후 3차례에 걸친 기초학력 향상도 검사를 통해 도달 여부를 확인한다. 진단평가는 생활기록부에 기록되지 않고 담임교사와 업무 담당 교사가 학생의 학습 성장 정도를 기록하고 관리한다.

단원평가는 담임교사 또는 교과전담교사가 현재 학생들의 학습 도달

정도를 확인하기 위한 목적으로 운영되며, 필수 평가가 아니므로 교사에 따라 진행되는 과목이나 횟수가 달라진다. 통상적으로는 교과별 한 단원이 끝나면 교사가 학생들의 이해 정도 확인이 필요하다고 판단할 때 치러지며, 그 결과를 바탕으로 학생들에게 부족한 부분이 무엇인지 확인하고 보충 학습 자료를 배부하기도 한다. 단원평가는 해당 단원을 제대로 알고 있는가를 확인하는 용도일 뿐, 생활기록부에 기재되는 교과 평가와는 무관하다.

수행평가와 다른 평가의 가장 큰 차이점은 '생활기록부에 기록'이 된다는 것이다. 해당 학년에서 배워야 할 성취기준에 도달하였는지를 평가하고 그 결과를 여러 가지 형태로 생활기록부에 기록한다. (기록 방법에 대한 답은 5번 질문을 참고)

3. 수행평가는 어떻게 이루어지나요?

평가는 평가 방법에 따라서 두 가지 종류로 나눌 수 있다. 지필평가와 수행평가이다. 지필평가는 지식과 기능의 습득 정도를 종이나 필기구를 이용해서 하는 평가이며 통상 선다형 시험지, 단답형, 서술형 평가가 해당된다. 수행평가는 지식과 기능의 습득 여부를 산출물이나 실제 수행하는 모습에서 평가가 이루어진다. 학습 과제를 제시하고 수행이 이루어지는 과정과 결과물을 보고 평가를 한다. 학생들이 인지한 학습 내용을 실제로 적용할 수 있는지 파악하고 여러 측면에서 학생들의 지식과 능력을 평가하게 된다. 수행평가의 종류에는 포트폴리오, 실기 평가, 연구보고서, 토의·토론 등이 있다.

4. 수행평가 문항은 반마다 다른가요?

수행평가는 크게 반별 평가, 학년 평가로 나눌 수 있다. 반별 평가는 교사에 따라 문항이 다를 수 있다. 학년 평가는 학년에서 논의하여 똑같은 문항으로 평가가 이루어진다. 이러한 평가 방법은 학교, 학년에 따라 다르게 결정되며, 지역별로 다른 양상을 보이기도 한다. 수행평가를 통해 아이들을 평가하고자 하는 건 단순히 지식이 아니라, 말 그대로 '수행'할 수 있는지를 보는 것이다. 따라서 지식, 태도, 기능 등이 모두 종합적으로 들어간 수행평가가 좋은 수행평가이며, 아이들의 '성장'을 촉진하는 평가여야 한다. 그래서 초등학교 수행평가는 절대평가로 학생 자체의 성장 척도를 본다.

5. 통지표에 표시되는 평가가 학교마다 다르네요. 왜 다른가요?

통지표에 표시되는 평가는 학교마다 다르며 평가의 횟수, 시기, 영역뿐만 아니라 평가 통지를 하는 방법도 제각각이다. 예를 들어, A 학교의 수행평가는 상, 중, 하로 평가 결과가 표시된다면 B 학교는 매우 잘함, 잘함, 보통으로 통지표에 결과를 표시하기도 한다. 각 시도교육청은 평가에 관한 세부적인 사안을 학교의 학업성적관리위원회에서 결정하도록 하고 있다. 학업성적관리위원회는 평가에 대한 중요한 사항을 결정하는 학교 내부의 협의회로 평가 계획을 수립하고 평가에 대한 중요한 사항을 결정하기에 학교마다 다를 수밖에 없다. 학교의 평가 계획에는 교과(학년)별 평가의 영역, 요소, 방법, 시기, 기준 및 결과의 활용을 포함한다. 이때 평가 기준은 학생의 학습 정도를 판단하기 위해 각 성취기준에 도달한 정도를 상·중·하의 세 단계로 구분하고, 각 도달 정도에 속한 학생들이 무엇을 알고 있고, 무엇을 할 수 있는지를 기술한다. 또한, 평가 단계의 구분은 세 단계 외에도, 교과 및 성취기준의 특성 등에 따라 달라질 수 있다.

6. 1인 1 태블릿PC가 보급되었다고 하던데요, 어떻게 사용되고 있나요?

첫째, 필요한 정보를 검색하거나 자료를 수집하는 데 사용한다. 인터넷을 통해 뉴스 기사, 칼럼, 유튜브 영상, 전문가 블로그, 통계 데이터 등 다양한 형태의 정보와 자료를 효과적으로 수집할 수 있다. 이러한 자료를 바탕으로 학생들은 자신만의 에세이를 쓰거나 탐구 보고서를 쓸 수도 있고 프로젝트 수업의 산출물을 만들어 발표할 수 있다.

둘째, 클라우드를 기반으로 협업 활동을 한다. 클라우드 기반이란 인터넷을 통해 서버, 저장공간 등의 컴퓨팅 서비스를 제공하는 것을 의미한다. 구글 문서 도구(스프레드시트, 프레젠테이션 등) 문서 편집 및 협업을 할 수 있고, 캔바와 같은 플랫폼을 활용하여 친구들과 함께 협업 과제를 수행하며 실시간 편집 및 피드백을 할 수 있다.

셋째, e-book 또는 디지털 교과서를 사용한다. 디지털 교과서에 포함된 비디오, 오디오, 인터렉티브 애니메이션 등 다양한 멀티미디어 요소를 통해 학습 내용을 쉽고 재미있게 이해할 수 있고, 개별 학습에 관한 즉각적인 피드백을 통해 학습자의 성향과 수준에 맞는 맞춤형 학습 자료를 제공한다.

넷째, 코딩 교육 및 인공지능(AI) 교육에도 활용한다. 학생들이 쉽고 재미있게 코딩의 기초를 배울 수 있도록 블록 코딩, 로봇 프로그래밍, 코딩 게임 제작 등을 한다.

7. 숙제는 어떻게 되나요? 반마다 다 다르더라고요.

교사마다 다르지만, 숙제를 내주지 않는 경우가 많다. 그 이유는 우선 교실에서 학습이 이루어지는 방식이 과거와 많이 달라졌기 때문이다. 교사가 제시하는 학습 개념이나 내용을 무조건 암기하는 주입식 교육이 주였던 과거에 비해 요즘은 학습 내용에 대한 학생들의 생각을 도출해 내는 산출식 교육이 많다. 그러다 보니 수업 시간 내에 이루어지는 활동으로도 충분히 교육이 이루어졌다고 판단되어 추가적인 숙제를 내주지 않는 것이다.

둘째, 숙제가 필요한 상황이 적어졌다. 숙제는 주로 교육 과정상 반드시 이루어져야 하지만 학교에서 하기 어려운 것들로 제시된다. 그런데 디지털 기기 등의 도입으로 기존의 활동을 대체 가능한 방식이 많아졌다.

셋째, 특정 학생들에게 개별적으로 필요한 숙제를 대신할 지원 방안이 생겼다. 과거에는 학생이 부족한 부분에 대한 학습을 숙제로 제시하였으나, 요즘은 기초학력 수업 등과 같은 프로그램이 숙제를 대신하고 있다. 더욱이 학습에 어려움을 겪고 있는 학생들에게 별도의 숙제를 내는 것은 학업 스트레스를 가중할 뿐 학습 자체에 큰 도움이 되지 않는다는 생각을 하고 있기도 하다.

넷째, 숙제하지 않은 학생들에 대한 제재 수단이 거의 없을뿐더러, 자녀의 숙제를 부담스러워하는 학부모님의 민원이 발생하기도 한다. 그런데도 만약 숙제가 있다면 학생들의 학습 수준이나 개별 특성을 고려하여 주어지는 것이므로 학생들이 숙제를 챙겨 할 수 있도록 가정에서 지도할 필요가 있다.

8. 방학 숙제, 꼭 해야 하나요?

요즘 아이들은 어른의 일정에 버금갈 정도로 바쁘다. 방학이 다가오면 아이들은 "선생님, 방학 숙제 있나요?" 하고 물어온다. 방학만이라도 쉬고 싶은 아이들과 방학 중에도 꾸준히 성장하기를 바라는 학부모님의 바람 속에서 학교의 과제도 많이 변화했다.

방학 안내장에 공통 과제가 제시되기는 하지만 예시일 뿐, 대부분의 학교에서는 학생들에게 과제의 선택과 수행의 자율권을 부여한다. 단, 담임교사의 재량에 따라 학급의 경영 방침과 특색을 반영한 과제가 제시되기도 한다.

9. 선생님이 학교를 오지 않으면 안 온다고 왜 안 알려주나요?

선생님도 피치 못할 사정으로 수업을 하지 못하는 시간이나 날이 생길 수 있다. 개인적인 일이나 공식적인 출장 등으로 인한 예견된 수업 결손일 수도 있지만, 당일 출근하지 못할 정도로 몸 상태가 좋지 못하면 학생들의 질병 결석처럼 교사도 당일 병가를 쓸 수 있다.

통상 2일 이내의 예견된 수업 결손의 경우 학교 자체의 규정에 따라 보결 수업자를 구한다. 보결 수업자가 수업하는 데 지장이 없도록 담임 교사는 미리 수업 준비를 해둔다. 담임선생님의 예견된 수업 결손의 경우는 학생들에게 미리 안내하여 생활 태도 등을 당부하고, 학부모님들께도 알림장 등으로 알려드리는 경우가 많지만 물론 이 또한 담임선생님마다 다르기는 하다.

보결 수업자는 교내 교사 또는 자격을 갖춘 시간강사가 들어온다. 이들은 계획된 교육과정에 따라 수업을 정상적으로 운영하며, 학생들의 생활지도는 물론 하교 및 청소 지도까지 챙긴다.

10. 모둠 활동은 꼭 해야 하나요? 공부를 잘하는 학생은 주도적으로 해야 하고 부족한 친구를 도와줘야 해서 피해를 보는 것은 아닌가요?

요즘 사회는 너무나 복잡하고 세분화되어 있어서 혼자서 모든 일을 처리할 수 있는 상황이 아닌 경우가 많다. 학교는 가정과 사회를 잇는 가교의 역할로 사회에 나가기 전에 충분한 능력과 연습을 통해 자질을 익혀 나가는 곳이다. 사회에서 요구하는 미래의 인재는 다양한 성향의 사람들과 협업을 통해 더욱 큰 결과물을 창출해 내는 사람이다.

모둠 활동은 그런 기회를 주고자 하는 활동이다. 혼자서 하면 빨리하고 때로는 더 화려한 결과물을 만들어 낼 수도 있을 것이다. 하지만 사람들과의 관계를 어떻게 형성하고 다양한 이견을 어떻게 조율해 나가야 하는지는 배울 수 없다. 당장은 우리 아이가 힘들어하고 시간을 빼앗

겨 피해를 본다는 생각이 들 수도 있지만 큰 목표를 향해 가는 과정이라고 생각하면 좋을 듯하다. 이러한 경험은 아이의 인생에 큰 가르침으로 남을 것이다.

11. 3월에 학교마다 교육계획설명회를 하는데 꼭 가야 하나요?

학교 교육계획설명회는 그 해에 학교 교육활동에 대한 정보를 제공하는 날로, 학부모님들의 학교에 관한 관심과 이해를 증진하는 좋은 기회이다. 또한 우리 학교에서만 특별히 행해지는 특색교육 활동들도 알 수 있고, 법적으로 학부모들이 받아야 하는 연수를 들을 기회도 제공한다. 학교마다 다르지만, 교육계획 설명회와 학부모총회를 함께 하며, 마치고는 담임 교사와 대화하며 우리 선생님의 학급경영관을 알 수 있는 기회도 있다.

12. 학교운영위원회는 뭐예요?

학교운영위원회는 국공립, 사립학교 모두에 있는 '심의기구'이다. 학교운영위원회는 법정 위원회로 모든 학교가 반드시 구성해야 하며, 구성 인원과 대상도 정해져 있다. 학교가 교육 소비자의 요구를 반영하여 운영되도록 설치된 기구로 교원 대표, 학부모 대표, 지역사회 인사로 이루어지며 5인 이상 15인 이내로 구성된다.

학교운영위원회에서는 초·중등교육법 제 32조에 의거 학칙의 제정 또는 개정, 학교의 예산안과 결산, 학교 교육과정의 운영 방법, 교과용

도서와 교육자료의 선정, 학부모 경비 부담 사항, 학교 급식 등에 관한 학교 운영의 전반에 대한 사항들을 함께 논의하고 결정한다. 하지만 의 결기구는 아니므로 학교발전기금에 관한 건을 제외하고는 학교운영위원회에서 정해진 내용을 반드시 그대로 따라야 하는 것은 아니다.

13. 학부모회는 어떤 일을 하나요? 학부모회 활동을 꼭 해야 하나요?

학부모회는 교육 참여를 희망하는 학부모님들과 함께 교육의 3주체(교사, 학부모, 학생)가 협력적으로 학생들의 교육활동을 지원하기 위해 구성되는 단체이다. 학교운영위원회와는 달리 법정 위원회는 아니나, 일부 시도교육청은 학부모회의 설치와 그 역할을 조례로 정하여 운영하기도 한다.

학부모회는 매년 3월 재학생 학부모님으로 구성되며, 학부모회 임원 중 회장, 부회장, 감사 각 1명씩을 선출한다. 학부모회는 연간 활동 계획을 수립하여 운영한다. 주로 급식 모니터링, 녹색 어머니회, 도서 봉사, 학부모 교육 등의 활동에 참여하나 구체적인 활동 내용은 학교의 특성에 따라 조금씩 차이가 있다.

매년 학기 초 가정으로 학부모회 선출 공고와 학교운영위원회 학부모 대표 선출 공고, 녹색 어머니회 모집, 급식 모니터링단 모집 등 학부모님의 교육 참여를 바라는 많은 안내장이 발송된다. 위의 활동에 참여하면 학교가 돌아가는 상황을 파악하는 데 도움이 되고, 학교 연간 계획과 운영에 있어 의견을 개진할 수 있는 장점이 있다.

14. 녹색 어머니회 활동은 어떤 것을 하나요?

녹색 어머니회는 등하교 도우미로 과거에는 경찰청 소속 학부모 단체였지만 지금은 각급 학교에서 매년 모집하여 운영하고 있다. 녹색 도우미로도 불리는 녹색 어머니회는 주로 아침 등교 시간에 30분 정도 학생들의 등굣길의 차량을 통제하고 아이들이 건널목을 안전하게 건널 수 있도록 도와주는 역할을 한다. 학교의 위치에 따라 차이는 있으나 대체로 3~4인으로 조를 구성하여 운영된다. 학교에 따라 전교생 의무 참여, 녹색 어머니회 별도 신청, 학부모회 연계 운영 등 다양한 방식으로 운영되기도 한다. 녹색 어머니회라고 이름 붙여져 있지만, 함께 거주 중인 보호자(아버지, 조부모 등) 누구든 참여할 수 있다.

15. 학교의 교육과정을 만들 때 학부모의 의견은 어떻게 반영되나요?

내년도의 교육과정을 수립하는 시기는 보통 당해 연도 11월경부터 시작된다. 모든 학교에서는 교육과정을 수립할 때 교육 공동체(학생, 학부모, 교직원)의 의견을 수립하기 위해 설문조사를 실시한다. 이때는 보통 교육활동 만족도(예. 본교의 특색교육을 지속해서 운영하는 것에 대해 어떻게 생각하시나요?), 교육과정 및 학사 운영(예. O월 O일을 학교장 재량휴업일로 설정하는 것에 찬반 표시를 해주세요.), 학부모 참여 및 연수(예. 학부모연수에서 다루었으면 하는 주제를 선택해주세요.) 등이다.

또한 학교마다 참여 구성은 다르지만 모두 이 시기에 학부모 임원 및 희망 학부모, 교감 선생님, 학교 연구기획부장이 함께 교육 공감토론회를 하며 올해의 교육활동을 반성하고, 내년 교육활동에 대한 건의 사항들을 이야기하기도 한다.

16. 자녀를 잘 키우려면 어떻게 해야 할까요? 학부모의 마음가짐은요?

자녀를 잘 키우는 방법이 있다면 억만금을 주고라도 배우고 싶을 만큼 어렵고 복잡하다. 특별한 비법이나 왕도가 있다면 얼마나 좋을까. 교직에 있으면서 '저 아이 참 괜찮다, 내 아이가 저런 모습이면 좋겠다'라는 생각이 드는 아이들도 있다. 그런 아이들의 공통적인 특징과 부모님의 모습은 어떤 것일까?

인정과 사과, 고마움을 표현하는 일에 스스럼이 없으며 자기 행동에 책임질 줄 안다. 자기 생각을 분명하고 조리 있게 말하면서도 다른 사람의 마음을 살피고 배려하기도 한다. 이러한 아이들은 내면이 단단하며 자신에 대한 긍정적인 태도를 지니고 있어 회복탄력성이 높다. 가정에서 비난과 질타보다는 지지와 응원, 격려를 보낸다. 아이가 저지른 실수나 옳지 못한 판단에 따른 결과를 어떻게 하면 해결할 수 있는지 그 방법을 알려주고 기다려준다.

아이들은 크고 작은 문제를 스스로 해결하는 과정을 통해 성공 경험을 쌓고, 그러한 경험을 바탕으로 자기 효능감과 자존감을 길러나간다. 문제를 해결하는 과정은 때론 힘들고 시간이 오래 걸릴 수도 있다. 그것을 지켜보는 부모의 마음은 답답하고 조급해지기 마련이다. 하지만 아이마다 각자의 시계가 있고 오롯이 그 시간이 흘러야 아이는 성장한다.

17. 요새는 선을 넘지 말라고 하는데 그 선은 도대체 어디까지일까요?

최근 많은 학교에서 '경계 존중 교육'을 실시한다. '경계'라는 말은 심리상담에서 사용하는 용어로 다른 사람으로부터 나를 신체적, 정신적으로 지키는 선을 의미한다. 개인마다 자신만의 고유한 영역이 존재하며 이 영역을 침해당했을 때 불편함과 불쾌감을 느낀다. 이러한 것을 경계 침해라고 부르며 그 영역은 물리적, 신체적, 정서적, 시각적으로 나눌 수 있다. 그래서 학기 초 학교폭력예방교육이나 양성평등 교육, 성교육 시간 등을 활용하여 친구의 경계를 알아보고 그 경계를 침해하는 행동은 무엇이며, 경계를 존중하는 데 필요한 것은 어떤 것인지 교육이 이루어진다.

18. 학부모로서 역할을 잘 수행하기 위한 체계적인 학부모 교육이 있나요?

학교에서 자체적으로 실시하는 학부모 교육은 그리 많지 않다. 과거에는 학교에서 분기별로 강사를 초청하여 학부모연수를 시행하였지만 강사 섭외의 어려움과 학부모님의 낮은 참여율로 최근에는 교육청 단위의 학부모연수가 많이 생겨나고 있다. 울산광역시의 경우 매월 1회 다양한 내용의 학부모연수를 실시하며 각급 학교로 공문을 보내 학부모 참여를 독려하기도 한다. 또 연수 후 개설을 희망하는 연수나 강의에 대한 수요 조사도 하고 있으니 학교에서 배부되는 안내장을 잘 확인하면 된다.

19. 현장 체험학습 시 교사 대상으로 간식을 제공해도 되나요?

흔히 김영란법이라 불리는 '부정 청탁 및 금품 등 수수의 금지에 관한 법률'에 의거 국가 지방공무원, 각급 학교의 장과 교직원은 직무와 관련이 있는 자와는 어떤 금품도 받을 수 없게 되어 있다. 이에 따라 교사와의 면담이나 현장 체험학습 등에 커피, 간단한 간식을 보내는 것도 청탁금지법 위반에 해당하며 교사의 경조사에 학생이나 학부모가 축의금 또는 조의금을 주는 것도 허용되지 않는다. 이 밖에도 스승의 날 학생들이 돈을 모아 교사에게 5만 원 이하의 선물을 하는 것도 안 되지만 학생 대표 등이 공개적으로 교사에게 제공하는 카네이션이나 꽃은 사회상규에 따라 허용되는 금품 등에 해당하므로 가능하다.

20. 학부모 상담은 꼭 신청해야 하나요? 학부모 상담주간에 어떤 내용을 상담할 수 있나요?

학부모 상담의 형식은 주로 방문 상담과 전화상담이 있으며, 간혹 이메일 등을 통해 진행하기도 한다. 일반적으로 학기당 1회씩 상담주간을 두어 진행하며, 기간 안에 신청한 학부모를 대상으로 한다. 대개 3월에 진행되는 상담은 담임교사가 아이들을 온전히 파악하기 전이므로 학부모로부터 아이에 대한 정보를 얻고 학급 운영의 큰 방향과 교육관을 나누는 데 목적이 있다. 때문에 3월 학부모 상담은 담임교사가 우리 아이의 성향과 특성을 파악하는 데 도움이 되며, 아이의 학교생활 적응력을 높일 수 있다.

학부모 상담 시 아이의 학교생활에 대한 정보를 얻고자 하면 상담할 질문은 미리 메모하고, 질문은 구체적으로 하는 게 좋다. 단순히 수업 태도는 어떠한지, 교우관계는 괜찮은지 묻기보다는 수업 시간에 바른 자세로 앉아 있는지, 교사의 지시에 잘 응하는지, 자기 의사를 적극적으로 표현하는지, 친구 ○○이 이름을 자주 말하던데 그 친구와 친하게 지내는지 등과 같이 세부적인 내용으로 질문하면 학생의 학교생활에 대한 자세한 정보를 얻을 수 있다.

과거 방문 상담 시에는 주로 어머니가 오셨지만, 최근에는 다양한 가족 형태가 나타나면서 아버지나 아이를 함께 양육하는 조부모가 상담에 참여하는 경우가 종종 있다. 학부모 상담의 문은 언제나, 누구에게나 열려있다. 아이의 올바른 성장을 위해 함께 고민하고 관심을 가져야 한다.

21. 학교의 교육활동에 학부모들은 어떤 식으로 참여할 수 있나요? 그리고 꼭 참여해야 하나요?

학부모는 학교 교육 공동체의 중요한 구성원이므로 학부모의 교육활동 참여는 학교 교육과정을 계획하고 운영하는 데 긍정적인 영향을 미친다. 학부모가 학교의 교육활동에 참여하는 방법은 먼저 녹색어머니회가 있다. 녹색어머니회에 참여하여 학생들의 안전한 등하교 환경을 조성하는 데 큰 도움을 줄 수 있다. 또 급식 모니터링에 참여하여 학교 급식이 건강하고 균형 잡힌 식단으로 제공되는지 모니터링하고 개선하는 데 도움을 줄 수 있다. 교육계획 설명회나 학부모 초청 공개수업에도 참여한다. 학교에서 수업이 어떻게 이루어지는지 직접 듣고 관찰함으로써 학교 교육과정과 관련된 정확한 정보를 얻을 수 있고 교육과정 운영에 관해 더 자세히 이해할 수 있다. 또한 학기 초, 학기 말에 이루어지는 교육과정 설문을 통해 학부모님의 의견을 제안할 수 있다. 학부모님들이 학교 교육 활동에 참여함으로써, 학교와 가정이 긴밀하게 협력하며 아이들의 교육적 성장과 발달을 지원한다.

22. 긍정적인 가정환경을 조성하기 위한 팁은 무엇인가요?

긍정적인 가정환경이란 구성원 간의 대화를 통한 문제 해결 능력을 갖춘 가정을 의미한다. 가정 내에서 대화를 통해 문제 해결을 경험해 본 아이들은 학교생활에서의 갈등이나 학습의 어려움을 마주했을 때도 문제를 직시하고 해결하고자 하는 태도를 보인다. 교사가 옆에서 조금만 도와줘도 아이들 스스로 자신의 문제를 표현하고, 자신의 감정을 이해하며, 타인과 효과적으로 소통한다. 이런 태도를 가진 아이들은 앞으로 학교생활은 물론이고, 미래 사회 속에서도 다양한 문제상황을 주도적으로 해결하는 역량을 갖출 수 있게 된다. 따라서, 가정에서는 대화를 통한 문제를 해결하는 분위기를 조성하는 것이 중요하며 부모님이 좋은 사례를 보여준다면 아이들에게 매우 긍정적인 영향을 끼칠 것이다.

23. 입학할 때 준비물을 사 줘야 하나요?

학생들이 직접 모든 준비물을 챙겨오던 과거와 달리 요즘은 준비물 대부분을 학교에서 제공한다. 수업 시간에 필요한 각종 교구나 자료들이 교과서에 부록으로도 제공되기 때문에 별도로 갖출 준비물이 많지 않다. 소모품인 연필, 지우개 등만 따로 준비하면 된다.

24. 창의적 체험활동은 뭐예요?

'창의적 체험활동'은 학생들의 창의성, 인성, 자기 주도성 등을 종합적으로 발달시키기 위해 학교가 자율적으로 설계, 운영하는 경험·실천 중심의 교육과정 영역이다. 창의적 체험활동은 다른 교과, 학교급 간 및 학년 간, 세부 영역 및 활동 간 연계와 통합하며 이루어지고 있다. 특히, 초등학교에서는 자신의 개성과 소질을 탐색 및 발견하고 공동체 생활에 필요한 기본 생활 습관과 시민의식을 기르는 데 중점을 둔다. 2022 개정 교육과정에서 창의적 체험활동은 자율·자치 활동, 동아리 활동, 진로 활동의 세 영역으로 구성된다. 자율·자치는 입학 초기 적응, 학교 이해, 정서 지원, 관계 형성 등의 활동이 이루어지고 동아리 활동은 학술, 예술, 스포츠, 놀이 등의 다양한 활동과 학교 안팎에서 실천하는 나눔과 봉사활동으로 이루어진다. 마지막으로 진로 활동은 자아 탐색, 진로 이해, 직업 이해, 정보 탐색 활동 등으로 이루어진다.

25. 수업 중 제공되는 수학 학습지나 수학 익힘책을 아이들이 직접 채점하게 하나요?

학급마다 학생이 채점하기도 하고, 교사가 채점하는 등 다양한 방식으로 운영된다. 학생이 자기의 학습지 또는 수학 익힘책을 직접 채점하게 하는 의도는 자신의 학습 상태를 점검하고 확인하여 부족한 부분이 무엇인지 알 수 있게 하기 위함이다. 또는 수업 시간 내에서 또래 도우미 등을 운영하는 개념으로 친구들이 서로의 학습지를 채점하고 또래 지도를 통해 부족한 부분을 배우기도 한다. 하지만 성적에 반영되는 수행평가나 교사가 학생의 학습 상태를 정확히 파악하기 위한 경우는 교사가 학생 과제물을 직접 채점한다.

26. 선생님의 수업방식과 학급 경영 철학이 아이와 맞지 않을 때 그냥 1년을 지켜만 봐야 하는 걸까요?

교사의 수업방식과 학급 경영 철학이 아이에게 맞지 않는다고 느끼면, 그 이유를 구체적으로 파악하는 것이 선행되어야 한다. 교사는 교육과정의 목적, 학교의 비전, 교사의 교육철학, 가치관, 교실 내 학생들의 다양성 등 매우 다양한 요소들을 복합적으로 고민하여 수업하고 학급을 운영한다. 교실은 다양한 배경과 특성을 가진 학생들이 함께 학습하는 공간이므로 교실의 질서와 규칙을 유지하기 위한 고민도 포함되어 있다.

교사의 수업 및 운영 방식에 대해 좀 더 이야기하고 싶다면, 교사와의 상담을 요청하는 것이 좋겠다. 이는 교사의 교육적 의도를 더 깊이 이해할 기회가 되기도 한다. 또한, 학부모의 의견이 교사에게 새로운 관점을 제공하고, 필요한 경우 수업방식에 변화를 줄 수 있는 계기가 될 수 있다. 핵심은 적극적인 소통이다. 선생님과의 대화를 통해 서로의 관점을 공유하고, 좋은 방안을 함께 모색해 보면 좋겠다.

27. 학생들이 초등학생 때는 시험을 경험하지 않다가 중학교에 가면 처음 접하게 됩니다. 어떻게 준비하면 좋을까요?

중학교부터 치러지는 중간·기말고사는 이전에 해왔던 평가와는 달리 학생들을 서열화하기 위한 시험이다. 등수를 가려야 하는 시험이므로 난도가 높고 유형이 다양한 문항들이 섞여 있어 이러한 문제를 처음 접하는 아이들은 곤란을 겪기도 한다.

우선 모든 평가에서 가장 중요한 것은 출제 범위이다. 대부분 학교는 교과서를 바탕으로 출제하므로 교과서를 정독하고 교과서에 제시된 개념을 정확하게 이해하는 것이 필요하다. 특히 사회과의 경우 교과서를 반복해서 읽으며 전체적인 내용을 파악하고 중요 어휘나 개념을 지우고 빈칸에 들어갈 용어가 무엇인지 찾아낼 수 있도록 하는 방법이 도움이 된다. 수학과는 용어의 정의와 도형이 특징을 정확히 알고 설명할 수 있도록 해야 하며 같은 내용이라도 다양한 유형의 문제를 접해서 문제에 접근하는 방법을 익혀야 한다. 여러 문제집을 풀어보는 것 보다 하나의 문제집을 반복해서 풀어보며 문제를 완벽히 소화해 내는 것이 중요하고, 하나의 문제를 다양한 방식으로 풀어보는 것도 좋겠다. 과학과의 경우도 수학과 마찬가지로 개념의 정립이 우선되어야 하며 초등 교육과정과는 달리 눈에 보이지 않는 분야를 다루므로 교과서의 이미지를 활용하여 개념 간의 관계와 전후 변화를 머릿속에 그림처럼 떠올리는 연습을 하면 좋다. 국어와 영어는 단시간 내에 성적을 내기 어려운 과목이므로 평상시 꾸준히 일정량을 학습하고 시험을 준비하는 중에는 전반적인 내용을 정리하고 부족한 부분을 집중해서 보충하는 것이 필요하다. 하지만 무엇보다도 중학교 과정에 어려움 없이 적응하기 위해서는 초등학교 교육과정을 충실히 수행하고 기초를 단단히 다지는 것이 매우 중요하다.

28. 학교 공부 어디까지 해 가야 할까요? 영어 공부는 미리 해서 입학해야 할까요?

국가 교육과정은 그 나이대 아이라면 충분히 학습할 수 있을 수준과 양을 성취기준으로 제시한다. 따라서 선행학습은 필요 없다. 대신 기초 학습 태도나 습관을 길러주는 것이 중요하다. 정해진 시간 동안 정해진 자리에 앉아서 제시되는 활동에 온전히 집중할 수 있는 시간을 늘려야 한다. 아울러 이미 지나간 학년의 교육내용에서 학습 공백이 없도록 해 주는 것이 필요하다. 아이들은 알고 있다고 착각하지만, 사실은 잘 모르는 경우가 많다. 그런 부분을 꼼꼼히 학습해 두면 추후 학습에서 뒤처지지 않는 아이의 모습을 볼 수 있다.

29. 수업을 들을 때 꼭 지켜야 할 일이 있을까요?

교실과 집의 가장 큰 차이는 다른 사람들과 함께하는 공간이라는 점이다. 이러한 공간적 특성에 근거하였을 때 수업 시간에 지켜야 할 일로 가장 중요한 것은 '다른 사람들을 방해하지 않기'이다. 수업 시간과 쉬는 시간에 할 수 있는 일과 없는 일을 구분하여 지키고, 다른 친구들을 존중하고 경청하며 배려하는 태도를 지니고, 선생님의 말씀에 집중하고 따라야 한다.

30. 말하기 좋아하는 아이인데 수업 시간에 방해가 될까 걱정됩니다. 교육해서 보내야 할까요?

말하기를 좋아하는 것은 교육활동에 큰 도움이 된다. 교사는 아이가 알고 있는 것과 모르는 것을 파악하기 쉽고, 아이는 배운 것을 말로 정리하는 과정을 통해 학습이 더욱 잘 이루어진다. 하지만, 수업과 관계없는 말하기는 수업에 방해가 된다. 타인과 함께하는 공간에서 지켜야 할 것보다 자신이 하고 싶은 행동에 치중한 말하기가 이루어지면 다른 학생들에게 방해가 될 수 있다. 수업의 흐름도 끊긴다. 따라서 내가 하고 싶은 말이 수업과 관련이 있는지, 이 말을 지금 해도 되는지 등에 관한 판단 능력과 인내심을 길러서 학교에 갈 수 있도록 해주면 좋다.

31. 한 가지에 집중하면 그다음 활동을 넘어가기 힘들어합니다. 아이가 책을 좋아해서 수업 시간에도 몰래 책을 꺼내 읽는데, 학교에 가서 수업 진도를 못 맞출까 걱정됩니다.

아이가 책 읽는 것에 집중하는 것 자체는 매우 긍정적인 행동이다. 그러나 수업 시간 중에 학습 활동에 참여하지 않고 책을 읽는 것은, 자기 행동을 스스로 조절하지 못하고 있다는 것으로 해석될 수 있다. 책을 읽는 행위 그 자체가 문제가 아니라 그 행위가 이루어지는 상황과 타이밍이 적절하지 않기 때문에 문제가 된다.

대부분의 교사는 학생에게 쉬는 시간이나 자유 시간에 책을 읽으라고 지도할 것이다. 만약 이러한 지도에도 불구하고 아이가 수업 시간 중에 책을 읽는 행동을 지속한다면, 수업 시간에 지켜야 할 규칙과 태도를 인지할 수 있도록 지도할 필요가 있다. 이 과정에서 학부모님과 선생님의 협력이 필요하다. 아이가 상황에 맞는 행동을 할 수 있도록 알려주고 지도하고, 아이가 행동을 개선하려고 노력했을 때 격려해주어야 한다.

32. 자녀의 창의력과 사고력을 키우는 방법은 무엇인가요?

자녀의 창의력과 사고력 발달을 위해 가장 중요한 것은 아이가 스스로 질문을 던지고 그에 대한 답을 찾아가는 과정을 격려하는 것이다. 자녀가 궁금해하는 주제에 대해 스스로 탐색하고 해답을 찾아가는 과정에서 비판적 사고와 문제 해결 능력이 자연스럽게 향상된다. 학부모는 이 과정을 지켜보면서 필요할 때 적절한 도움을 주어야 한다. 예를 들어 아이가 어려움을 겪고 있을 때 직접 해답을 알려주기보다는 아이가 스스로 생각해 볼 수 있는 질문을 던져주는 것이 좋다.

또한 다양한 경험을 통해 새로운 것을 배우고 다양한 환경에 노출되는 것도 창의력과 사고력을 발달시키는 데 도움이 된다. 무엇보다 중요한 것은 학교생활에서도 다양한 수업과 활동에 적극적으로 참여하는 것이다. 프로젝트 수업, 탐구 활동, 모둠 토의·토론 등은 아이가 다양한 관점에서 사고하고 협력하면서 문제를 해결하는 방법을 배울 좋은 기회이다.

33. 자녀가 책 읽는 습관을 갖도록 어떻게 도울 수 있나요?

최근 문해력이 쟁점이 되면서 많은 곳에서 독서의 중요성을 이야기한다. 아이들이 독서의 즐거움을 알고 스스로 책을 찾아 읽으면 얼마나 좋을까. 하지만 이러한 아이를 기르기 위해서는 책을 읽을 수 있는 분위기를 만들어주는 것이 우선이다. 그러기 위해서는 매일 일정 시간 동안은 온 가족이 함께 앉아 책을 읽는 것이 필요하다. 아이가 읽는 책을 함께 읽으며 책에 관한 이야기를 주고받기도 하고 서로 읽은 책을 추천해주면 책에 대한 흥미를 높일 수 있다. 식목일, 지구의 날 등 각종 기념일이나 명절, 산책하며 보았던 자연 현상이나 뉴스에 나왔던 것들을 연계 도서를 활용하여 읽으면서 사회·자연 현상 전반에 걸친 폭넓은 이해를 높이는 데 독서가 도움이 됨을 느끼도록 해준다. '아는 만큼 보인다'라는 말이 있다. 독서를 통해 세상에 대한 이해가 넓어지고 깊어진다. 오늘부터 30분이라도 스마트폰을 내려두고 함께 책을 보기를 권장한다.

34. 교실 자리 배치는 어떻게 하나요?

자리 배치는 교육활동 내용에 따라 달라진다. 보통은 일반적으로 짝 구성으로 자리 배치가 되지만 그달에 많이 이루어지는 교육활동의 특성에 따라 한 명으로 시선이 집중되어야 하거나 토의·토론이 이루어지는 경우 ㄷ자 배치를 활용하고, 모둠 협업이 많은 경우 모둠 배치 등 다양한 자리 배치가 되기도 한다.

35. 아이들 하교 후 선생님들은 뭐 하시나요?

우선은 교사의 본업인 수업 준비를 한다. 어떤 내용에 대한 수업을 어떻게, 어떤 도구와 자료를 이용하여 수업할지를 고민하여 준비한다. 수업 준비에만 집중할 수 있으면 참 좋겠지만 학교 업무도 많다. 모든 교사는 학교가 운영되기 위한 여러 업무를 나눠서 담당하고 있으며 그 업무의 예로는 학교 교육과정 편성 및 운영, 나이스 관리, 각종 정보기기 구매 및 관리, 방과후 학교 관리 및 회계 등이 있다. 갑작스럽게 요청되는 수많은 공문을 처리하다 보면 수업 준비가 뒷전이 될 때도 있다. 이 두 가지 외에도 전문적 학습공동체, 교사 동아리 활동, 자체 연수 참여, 교육청 출장, 각종 강의 활동 등 더 나은 교육을 위한 여러 활동에 참여한다.

36. 수업 전 아침 활동 시간에는 어떤 활동을 하나요?

교사마다 제시하는 활동은 다소 다를 수 있다. 일반적으로 교사가 아이들에게 강조하고 싶은 역량을 키우기 위한 짧은 활동을 제시한다. 기초 문해력은 학습을 위한 귀중한 밑거름이 되기 때문에 아이들의 독서 경험을 절대적으로 늘리고자 독서를 아침 활동으로 제시하는 경우가 많다. 그 외에도 짧은 글쓰기, 수학 연산 연습, 배움 공책 등의 활동이 제시된다.

37. 중간 놀이 시간에 아이들은 어떤 활동을 하나요?

아이들의 놀 권리를 보장하고자 등장한 시간이 중간 놀이 시간이다. 그 취지에 맞게 중간 놀이 시간은 아이들의 놀이 활동을 위해 온전히 사용된다. 운동장이나 놀이터에서 자유롭게 뛰어놀기도 하고, 교실에서 보드게임을 하는 학생들도 있다.

38. 특수교육 대상자인 아이가 입학했을 때, 같은 반 아이들의 태도가 걱정됩니다.

현재 많은 학교에서는 학생들이 서로의 차이를 이해하고 존중하는 문화를 조성하기 위해 노력하고 있다. 장애 인식 개선 교육을 비롯하여 학생들이 서로의 다름을 인정하고 차별하지 않는 태도를 배울 수 있도록 교육하고 있다. 이러한 교육이 이루어진다고 해도 실제 학교생활 중에는 간혹 문제가 발생하기도 한다. 같은 반 학생들도 아직 배우고 성장하는 과정에 있으므로 때로는 나와 다른 학생들을 이해하고 받아들이는 데 어려움을 겪을 수 있다. 이런 경우 학교와의 긴밀한 소통이 필요하다. 아이들이 서로 이해하고 배려하는 방법을 배울 수 있도록 담임교사와 특수교육 교사가 적극적으로 도움을 제공할 것이다.

39. 유치원에서는 우리 아이의 생활을 일일이 알려주는데요. 초등학교에서는 왜 그렇게 하지 않나요?

미취학 아동과 달리 초등학교에 진학하였다는 것은 학생이 자신의 상태나 상황에 대해 의사 표현을 할 수 있는 나이가 되었다는 의미이다. 학부모가 반드시 알아야 하는 학생 안전 및 건강과 관련된 중요한 사안에 대해서는 교사가 따로 연락한다. 하지만 비교적 사소한 사안에 대해서는 학생이 가정에서 부모님께 직접 이야기할 수 있다고 판단되기에 따로 연락하지 않는 것이다. 약 투여 등도 마찬가지의 맥락이다. 자기 몸 상태에 맞게 스스로 챙겨야 할 부분을 잊지 않고 하는 것도 훈련과 연습이 필요하다. 언제까지 주변의 어른이 아이들을 챙겨줄 수는 없다. 그러한 맥락에서 교사가 아이에게 약을 챙겨 먹어야 한다고 상기시켜줄 수는 있지만 직접 먹여주지는 않는다.

40. 아이가 왼손잡이입니다. 교정해야 할까요?

왼손잡이인 아이들은 또래보다 가위질하기, 풀칠하기 등 도구를 사용하는 것이 미숙한 경우가 많다. 모든 것이 오른손잡이에 맞추어져 있기 때문이다. 그렇다고 왼손잡이를 특별히 교정할 필요는 없다. 아이가 타고난 그대로를 존중해주는 것이 중요하다. 물론 아이 스스로 글씨 쓰기, 젓가락질하기를 오른손으로 연습한다면 그 부분은 격려해주면 된다. 입학 전 또는 학기 초에 학생 기초 조사표에 왼손잡이라고 기재해주면 아이를 파악하는 데 큰 도움이 된다.

41. 교실이나 특별실 청소는 아이들이 하나요?

본인이 사용하는 공간을 본인이 정리하는 것은 반드시 배워야 할 중요한 기본 생활 습관이기 때문에 간단한 교실 및 특별실 청소는 학생들이 한다. 자기 자리 주변을 쓸거나 책상 위를 닦는 등의 청소가 이루어진다. 다만 청소가 쉽지 않은 화장실 청소는 용역을 주기 때문에 학생들이 하지는 않는다.

42. 학교 폭력이 일어났는데 화해 시키는 것은 무마 아닌가요?

학교는 아이들이 만나는 최초의 사회이다. 혈육이 아닌 타인과 생활하면서 생기는 갈등은 어쩌면 당연한 현상일지 모른다. 갈등이 생기면 갈등을 해결해 나가는 과정을 통해서 아이들은 인격적 성장을 하게 된다. 학교는 갈등을 연습해 나가는 필드라고 보면 좋겠다. 타인과 관계를 맺고 서로의 다름을 인정하면서 조율해 가는 것, 바로 학교에서 배워야 하는 역량 교육의 한 부분이 되어야 한다. 학교 폭력으로 접수되는 상당수는 갈등에 의한 것이 많다. 갈등을 갈등으로 보지 않고 학교 폭력으로 처리된다는 안타까움이 있다. 학교 폭력은 매뉴얼 대로 처리를 하면 되지만, 갈등은 좀 다르게 접근해야 하기 때문이다. 그러므로 학교 폭력을 갈등으로 인지한 교사가 적극적인 생활지도를 실시하다 보면 화해를 시키려는 행위로 오인할 수가 있다.

43. 저학년 아이가 학교에서 친구들과 문제가 생겼을 때 부모는 어떻게 해야 하나요?

먼저 아이가 어떤 문제를 겪고 있는지 들어주는 것이 필요하다. 누군가의 잘잘못을 찾아내거나 비난하는 말은 최대한 피하고 천천히 다 들어준다. 아이가 어떤 감정을 느끼는지 스스로 표현할 수 있도록 질문을 해주거나 아이가 표현하는 감정을 들어주며 아이의 마음을 공감해 준다. 그리고 이 문제를 어떻게 해결할 수 있을지 다양한 방법을 같이 의논해 본다. 친구들과 대화를 시도할 수도 있고 교사에게 도움을 요청할 수도 있다. 아이가 자신의 감정을 돌아보고 스스로 문제 해결 방법을 찾는 연습이 가정에서 함께 이루어지면 아이들은 타인과 건강하게 소통하고 관계 맺는 방법을 더 잘 배울 수 있다.

44. 1학년 입학 전에 준비해야 할 것으로 어떤 것이 있을까요?

1학년 입학 전에 준비해서 보내고 싶은 것이 사실은 부모의 마음이다. 하지만 너무 성급하게 생각하지 말고, 1학년 과정을 가정과 학교에서 학교생활에 적응하는 시기라고 생각하면 좋겠다.

보통 학교는 입학식 다음 날, 빠른 학교는 입학 당일부터 급식을 먹는다. 함께 식사하는 자리이기 때문에 밥 먹기 전에 손 씻기, 바른 자세로 앉아서 밥 먹기, 수저 사용하기, 남은 음식을 잔반통에 모아서 버리기 등을 연습해 놓으면 좋다. 처음에는 서툴더라도 꾸준히 연습하면 된다.

아이들이 생각보다 힘들어하는 것은 화장실 가기이다. 화장실에 가고 싶어도 말하지 못해서 실수하는 아이들도 있다. 화장실에 가고 싶을 때는 말할 수 있도록 집에서 교육하면 좋다. 화장실에 가도 쉽지 않을 수 있다. 화장실 변기가 집처럼 편하지 않고, 옷 벗고 입는 것, 스스로 뒤처리를 하는 것이 힘들 수도 있다. 이것 또한 가정에서 연습해 오면 상당히 도움이 된다.

또 하나는 자기 생각을 바르게 표현하는 것이다. 잘못이나 실수를 하면 '미안해', 고마움이나 도움을 받았을 때는 '고마워'라고 이야기한다.

아이들은 자기 몸을 완벽히 통제하지 못하기 때문에 크고 작은 갈등이 일어난다. 이럴 때 평화롭고 안전하게 해결하는 방법이 말로 표현하기이다. 꾸준한 연습이 필요하다.

45. 아이가 내성적인데요, 선생님께 미리 편지라도 적어서 보내야 할까요?

학교생활과 관련하여 염려되는 부분이 있거나 교사에게 가정과 함께 좀 더 신경 써서 지도해 주었으면 하는 부분이 있다면 교사에게 미리 알리는 것도 좋다. 그것이 부담스럽다면 학기 초 배부되는 기초 조사서에 적어 보내거나 상담주간에 상담을 통해서 알리면 된다.

46. 휴대전화 사 줘야 할까요? 없어도 학교 수업하는 데 문제가 없을까요?

휴대전화는 정보를 검색하거나 긴급 상황 시 연락할 수 있다는 장점이 있지만, 소셜미디어 이용과 관련된 위험성도 고려해야 한다. 소셜미디어를 통한 범죄, 사이버 괴롭힘, 개인정보 유출 등의 위험에 노출될 가능성이 있다. 자녀가 휴대전화를 사용한다면 가정에서의 철저한 지도와 관리가 필요하다는 점을 충분히 인지해야 한다.

요즘은 학교에서 태블릿이나 컴퓨터를 학습에 활용하고 디지털 기기의 기본 사용법부터 올바른 이용 방법까지 학생들에게 지도하고 있으므로, 휴대전화가 없어도 학교 수업을 하는 데 지장이 없을까 하는 걱정은 하지 않아도 된다.

따라서 휴대전화 구매를 결정하기 전에, 아이와 충분히 대화를 나누어 그 필요성과 책임감에 대해 충분히 고민해보고 합리적인 결정을 내리는 것이 좋겠다.

47. 학교 적응 기간은 얼마나 될까요? 계속 등하교를 함께 해야 할까요?

학교의 적응 기간은 아이마다 매우 다르다. 입학 전부터 학교에 가고 싶어서 신이 난 아이도 있을 것이고 한 달이 지나도록 등굣길에 눈물을 보이는 아이도 있다. 우리 아이의 성향에 맞게 상황을 살펴보면서 적응 기간을 잡으면 좋겠다. 함께 오가는 길의 범위를 차츰 줄여가면 된다. 다만 맞벌이라 함께 등하교가 어려운 경우는 입학 전 주말을 이용하여 학교를 수시로 함께 오가면서 학교를 학생에게 익숙한 공간으로 만들어주는 것이 좋다.

48. 급식 나누어줄 때 왜 다르게 주는 거죠? 예를 들어서 메추리알을 어떤 아이는 4개 주고 어떤 아이는 3개 주는 이유가 뭔가요?

특별히 의도된 상황은 아니다. 고기가 많으면 메추리알이 적고, 고기가 적으면 메추리알이 많아지는 상황일 뿐이다. 학교를 다녀온 아이들이 배고프다는 말을 많이들 하니, 혹시나 아이들이 학교 가서 제대로 못먹고 오는 건 아닌가 염려가 있을 수 있다. 하지만 생각보다 아이들은 밥을 많이 먹지 않는다. 빨리 점심을 먹고 축구를 하러 가기 바빠서 적게 먹는 아이, 밥맛이 없어서 적게 먹는 아이, 먹고 싶은 반찬은 많이 먹지만 다른 반찬은 손도 대지 않는 아이 등 여러 아이들이 있다. 아이들의 식사량을 고려하여 영양 교사가 급식 배식량을 정하지만, 추가 배식은 얼마든지 가능하니 급식에 대한 걱정은 안 해도 된다.

49. 좋아하는 음식이 나와서 또 받으러 가면 다 먹고 오라고 합니다. 왜 그렇게 하는 거죠?

자신이 좋아하지 않은 음식도 골고루 먹어보고 접하도록 하는 것 또한 교육의 일환이다. 그래서 교사는 급식지도를 하는 것이다. 자신이 좋아하는 음식만 많이 먹고 싶은 마음에 다른 반찬은 그대로 두고 추가로 반찬을 받으러 가면 다른 반찬도 먹고 오라고 돌려보내기도 한다. 배식받은 음식을 골고루 먹으려고 시도해 본 후에 좋아하는 음식을 추가로 받으러 가면 얼마든지 더 받을 수 있다.

50. 급식지도는 어떻게 이루어지나요?

급식지도는 교사마다 굉장히 다르다. 어떤 교사는 모든 반찬은 한 번씩이라도 다 먹어보자고 하고, 어떤 교사는 아이들의 식사이니 아이들의 선택에 맡기는 분도 있다. 아이들이 반찬을 먹지 않는 이유가 단순 편식에 의한 것이라면 올바른 급식지도는 조금이라도 먹어보는 것이 맞다. 하지만 그 반찬을 먹지 않는 특별한 이유가 있다면 먹으라고 강요

할 수는 없다.

　그래서 많이 사용하는 방법은 '조금만 받기'이다. 아이들에게 많이 못 먹을 것 같은 음식은 '조금만 주세요.'라고 의사 표현을 하게 시킨다. 자기가 받은 만큼은 다 먹으려 노력하다 보면 반찬에 대한 거부감도 줄고, 음식물 쓰레기도 줄어들게 된다.

'혁명'이란 이전의 관습이나 제도, 방식 따위를 단번에 깨뜨리고 질적으로 새로운 것을 급격하게 사용하는 일(출처: 네이버 국어사전)이다. 인류의 역사가 시작된 이래 1차 산업혁명을 시작으로 4차 산업혁명까지 큰 변화가 있었다. 우리 아이들은 기존 산업혁명에 비해 방대한 데이터의 범위에서 이전에 없던 빠른 속도로 삶의 전반에 영향을 끼치는 큰 파도를 맞아야 한다. 아이들이 살아갈 미래 사회는 아무도 장담할 수 없고, 교사 또한 마찬가지다. 시대가 갈수록 저마다 뚜렷한 개성을 띠는 아이들이 교실에서 마음 편하게 생활하면서 내실 있는 배움의 과정을 통해 미래 역량을 기를 수 있도록 교사 또한 매일 소리 없는 전쟁을 치른다.

급변하는 사회에 발맞추어 끊임없이 개정되는 교육과정과 매해 달라지는 아이들, 매일 달라지는 수업 내용과 시대가 바뀌며 추가되는 업무까지 교사의 일상도 하루하루가 거대한 파도처럼 밀려든다. 프랑스 소설가 폴 부르제(Paul Bourget)의 말처럼 자칫 정신을 놓으면 '사는 대로 생각하는' 상태가 되기 쉽다. 파도에 떠밀려 살다 보면 오늘을 무사히 보냄에 만족하며 의지와 마음이 소진된 채 휴일을 기다리는 수동적인 삶을 사는 존재가 된다. 교사도 어딘가에 믿는 구석이 있어야 한다.

교실연고는 교사의 에너지 충전소와 같은 곳이다. '생각하는 대로 살고자'하는 교사들이 모여 있는 곳으로, 몰아치는 업무와 생활지도, 수업에 휩쓸리지 않고 아이들과 함께 성장하기를 바라는 교사들의 모임이다. 교실연고는 처음에 독서 모임으로 시작했다. 한 달에 한 번 토요일 아침, 달콤한 늦잠의 유혹을 뒤로하고 아침 7시에 모임을 했다. 독서를 통해 인문학 지식을 쌓고 서로의 힘듦과 어려움을 나누며 함께 성장하는 모임이었다. 구성원이 교사다 보니 독서 모임으로 시작해서 수업에 대한 고민, 아이들의 생활지도에 대한 고민, 교육 전반에 대한 고민으로 끝나기 다반사였다. 독서 모임이 교과교육연구회로 바뀌는 것은 어쩌면 자연스럽고 당연한 일이었다.

교과교육연구회가 된 교실연고는 교사들의 비빌 언덕이 되었다. 교실연고는 한 달에 한 번 모여 자신의 수업을 성찰하고 서로 나눔 하며 새로운 수업을 만들어가는 지식의 충전소이자 발전소가 되었다. 연구회를 구성하고 지금껏 이끌어 오신 수석 선생님은 선생님의 선생님이라는 말이 딱이다. 어떤 상황에서도 아이들 중심으로 생각하고 현재를 넘어 미래의 교실을 고민하신다. 교사로서의 정체성을 잃지 않는 교실연고의 등대와 같은 분이다. 수석교사를 중심으로 신규 교사부터 20년 경력의 교사, 관리자, 장학사에 이르기까지 다양한 학년, 다양한 업무, 다양한 성향을 지닌 12명의 교사가 속해 있다.

선우영화 수석선생님

'미소는 우리의 영혼이 서로를 알아보는 순간이다'
라는 시의 한 구절처럼 교실연고 선생님 한분 한분
을 만나는 순간 우리는 미소를 교환했습니다. 수석
교사 9년 차이며 교직 경력 30년이 다가옵니다. 수많은 사연이 있지만
그중에서 제일 잘한 일은 '교실연고' 교육연구회를 만든 일입니다. 교육
에 있어 가장 중요한 환경은 바로 교사입니다. 교사 그 자체가 교육과정
입니다. 교사를 바로 세우는 일이 미래의 교육을 위한 준비일 것입니다.

성순호 선생님

연극영화과에서 영화연출을 공부하다 뒤늦게 진로
를 바꾸어 교사가 되었습니다. 늦게 교사가 되어서
그런지 가르치는 일에 대해 더욱 많은 애착과 자부
심이 있습니다. 저는 여러 선생님과 함께 하는 수업 나눔을 통해 더욱 성
장하고 싶습니다. 언제나 아이들의 마음과 마음이 연결되는 영화 같은
수업을 꿈꿉니다.

김수진 선생님

겁이 많고 새로운 시도가 두려운 '사람 김수진'입니
다. 하지만 교사가 되고 아이들을 본 순간 새로운 배
움과 시도를 마다하지 않는 '교사 김수진'이 되겠다
고 결심했습니다. 이를 위해 교실연고 선생님들과 함께 배우고 고민하
며 실천하고 있습니다. 학교에서 아이들이 마음껏 배우고 성장하기를
바랍니다.

손아름 선생님

〈교육은 삶을 위한 준비 과정이 아니라, 삶 그 자체이다._존 듀이(John Dewey)〉

우리는 살아가며 수많은 선택의 순간을 경험하며 성취를 얻기도 하지만 실패를 맛보기도 합니다. 또한 결과에 상관없이 과정에서의 나를 성찰하고 반성하며 앞으로 나아갑니다. 배움은 이러한 끊임없는 성찰과 반성의 과정을 통해 스스로 성장시키는 것이라 생각합니다. 저는 아이들에게 배움을 통해 성장하는 모습을 저의 삶으로써 보여주는 교사가 되고 싶습니다.

김초이 선생님

어렸을 적 저의 장래 희망은 선생님이었습니다. 교직에 14년째 임하고 있는 바로 지금 저의 장래 희망은 '좋은 선생님'입니다. 어떻게 하면 더 좋은 수업을 할 수 있을지 끊임없이 연구하며, 아이들을 위해 노력하고, 저 또한 성장하는 좋은 선생님이 되고자 오늘도 노력하는, 저는 선생님입니다.

김소현 선생님

이제 막 1급 정교사가 된, 임용장 잉크가 이제야 마르기 시작한 5년 차 교사입니다. 임용 시험만 끝나면 모든 게 끝날 줄 알았는데, 임용 시험은 시작에 불과함을 학교 현장에 와서야 깨달았습니다. 혼란스러워지는 교육 현장에서 갈피를 못 잡고 있던 저에게 손 내밀어주신

수석 선생님 덕에 좋은 선생님들을 만나 어떤 교사가 될 것인가에 대한 고민을 함께하고 있습니다.

남기백 선생님

2023년, 울산광역시교육청 초등교사로서 교직 생활을 시작하게 되었습니다. 그리고 그 해 비슷한 나이의 동료 선생님을 먼저 보냈습니다. '나는 왜 교사가 되었을까, 앞으로 어떤 교사로 살아가야 할까?' 갈수록 심해지는 교육 공동체 간의 불신과 상처 속에서 그래도 답은 우리 '아이들'임을 생각합니다. 사람 간의 문제는 결국 사람만이 풀 수 있고 우리 교육의 문제는 '수업'으로 풀 수 있습니다. 왜냐하면, 교사에게 소통 창구는 바로 '수업'이기 때문입니다. '나'를 찾아가는 수업이 진정한 배움이 있는 수업이라는 생각을 바탕으로 늘 함께 고민하며 성장하는 교사가 되고자 합니다.

이윤서 선생님

교실에서 하루하루 살아남기 바쁘던 신규 교사 시절을 지나 12년 차 교사가 되었습니다. 여전히 교실은 바쁘고 정신을 못 차릴 때가 많고 아이들을 가르치는 일은 어렵습니다. 하지만 아이들이 하나씩 배워가는 모습을 볼 때가 너무 기뻐서, 그 누구도 시키지 않았는데 '아이들과 어떤 걸 해 볼까?' 자꾸만 궁리하게 됩니다. 이런 고민을 함께하는 교실연고 연구회 선생님들을 만나 고민을 고민으로만 끝내지 않고 부딪혀 보고 실천하고 있습니다.

성진숙 선생님

경력 20년 차 교사입니다.

교직 생활 10년 차에 "선생님, 수업 재미없어요."
라는 어느 아이의 말에 '수업이란 무엇인가?'에 대
한 고민을 진지하게 하게 되었습니다. 함께 수업에
대한 고민을 나눌 수 있는 누군가가 절실했던 때 같은 고민을 지닌 교
실연고 선생님들을 만나게 되었습니다. 교실연고를 통해 아이들이 기대
하는 수업, 재미있는 수업을 할 수 있게 되었습니다. 선생님들의 반짝이
는 수업 아이디어에 매번 감탄하며 교사 프로젝트에 참여하며 배워가
고 있습니다. 아이들이 눈을 빛내며 수업 들을 때 가장 행복한 교사이
기도 합니다.

　　교사도 사람이기에 때로 일상에 지쳐 아무것도 하지 않고 게으름 피
우고 싶은 날도 있다. 그런 날에는 연구회 모임을 가기가 망설여진다.
성장형 교사들이 참여하는 모임에 내가 방해될 것 같고 무기력한 나의
모습이 부끄러워지기 때문이다. 그런데도 마지막 남은 에너지를 짜내
모임에 참여하면 나와 같은 고민을 가진 교사를 만난다. 환대와 격려가
있는 공간에서 나의 고민을 털어놓고 다른 이의 고민을 들으며 서로 공
감하며 함께 이야기를 나누다 보면 긍정적인 에너지가 차오른다. 모임
의 마지막에 참여한 선생님 모두가 입을 모아 '오길 잘했다.'라는 말을
하는 것은 이 모임을 통해 위로를 받고 나아가 내일을 살아갈 힘을 얻기
때문일 것이다. 위로를 받는 대상은 수석선생님일 때도 있고, 신규 선생
님일 때도 있으며 나와 비슷한 연차의 선생님일 때도 있다. 그렇게 서로

의 비빌 언덕이 되어 이끌어 온 연구회가 교실연고다. 교실연고의 교사들은 서로가 서로의 정체성이며 이상이다. 서로가 다양한 분야에서 고유한 재능을 가졌기 때문이다. 자신이 가진 재능을 주저 없이 나누며 좋은 수업을 위해 함께해 온 모임이다.

교실에서 일어나는 작은 움직임은 나비효과와 같다. 지금 당장 눈에 보이지 않는 나비의 날갯짓이 지구 저편에서 큰바람을 일으키듯, 교실에서 일어나는 작은 실천들이 모여 아이들의 삶 저편에 큰 영향을 끼친다. 그런 의미에서 교실에서 하는 어떤 것도 중요하지 않은 것이 없으며 가치를 담은 작은 실천이 종국에는 큰 혁명으로 이어진다. 이 책을 통해 교실에서 매일 문화 혁명의 날줄과 씨줄을 엮어가고 있는 교사와 학부모, 그리고 교실의 변화를 궁금해하는 분들께 작은 나눔이 되고자 한다.

교실에서, 가정에서, 사회에서 미래의 주역인 아이들의 삶에 영향을 끼치는 모든 조용한 혁명을 응원한다. 이제 이 책을 읽는 여러분이 우리의 버팀목이다.

교실 문화 혁명

초판 1쇄 발행 2024년 10월 1일

지은이 교실연고(고민하고 연구하며 실천하는 교사들의 모임)
펴낸곳 글라이더
펴낸이 박정화
편　집 이고운
디자인 디자인뷰
마케팅 임호

등록 2012년 3월 28일 (제2012-000066호)
주소 경기도 고양시 덕양구 화중로 130번길 32(파스텔프라자 405호)
전화 070) 4685-5799
팩스 0303) 0949-5799
전자우편 gliderbooks@hanmail.net
블로그 https://blog.naver.com/gliderbook
ISBN 979-11-7041-152-9 (03370)